Expressions et locutions du français moderne

Von Brigitte Hamel Rodriguez
und Berthe-Odile Simon-Schaefer

Reclam

RECLAMS UNIVERSAL-BIBLIOTHEK Nr. 19915
2016 Philipp Reclam jun. GmbH & Co. KG,
Siemensstraße 32, 71254 Ditzingen
Gestaltung: Cornelia Feyll, Friedrich Forssman
Druck und Bindung: Kösel GmbH & Co. KG,
Am Buchweg 1, 87452 Altusried-Krugzell
Printed in Germany 2020
RECLAM, UNIVERSAL-BIBLIOTHEK und
RECLAMS UNIVERSAL-BIBLIOTHEK sind eingetragene Marken
der Philipp Reclam jun. GmbH & Co. KG, Stuttgart
ISBN 978-3-15-019915-2

Auch als E-Book erhältlich

www.reclam.de

Inhalt

Vorwort   7

Expressions et locutions du français moderne   13

Editorische Notiz   101
Register   102

Vorwort

Wer sich als Nicht-Muttersprachler bei der französischen Wendung »envoyer quelqu'un sur les roses« vom schönen Bild der Rose beeinflussen lässt, gar »auf Rosen gebettet« assoziiert (statt als Erstes an die Dornen zu denken), der kann eine Kommunikationssituation gründlich fehldeuten. Die bildsprachliche Entsprechung im Deutschen hingegen – »jemanden in die Wüste schicken« – scheint, da eindeutiger, für den Gesprächspartner weniger irritierende Verknüpfungen auszulösen: Was soll man in der Wüste anderes erwarten als sengende Sonne, Durst und Verderben?

Dieses Beispiel zeigt mehreres:

1. Eine Aussage (hier: sich einer Person entledigen) gewinnt Anschaulichkeit und Kraft durch die Übertragung ins Bildhafte (griech. *metaphora* = Übertragung). Wer ein Bild benutzt, tut es, um einen abstrakten Vorgang sinnlich fassbar zu machen und seine Aussage zu unterstreichen. Auf der Seite des »Senders« wie auf der Seite des »Empfängers« fordert die metaphorische Sprechweise Denk- und Vorstellungsvermögen.

2. Unsere Sprachen sind reich an Bildern und Metaphern, die wir mit großer Selbstverständlichkeit benutzen. Nietzsche spricht vom »Trieb zur Metapherbildung« als einem »Fundamentaltrieb« des Menschen, die »vorhandene Welt […] reizvoll und ewig neu zu gestalten« (*Über Wahrheit und Lüge im außermoralischen Sinne*, 1873). Jede Sprachgemeinschaft hat und prägt zu jeder Zeit ihre eigenen Sprachbilder. Der im Einzelfall verwendete bildliche Ausdruck hängt von vielen Gegebenheiten ab: von der Lebenswirklichkeit der Gesprächspartner, von ihrem Lebensalter und ihrer Gruppenzugehörigkeit, von ihrem Bildungsniveau und ihrer Sprachtradition und von der besonderen Situation, in der sie miteinander kommunizieren.

3. Was für die Verständigung zwischen Muttersprachlern ei-

ne Verständigungsbrücke darstellen soll oder kann, erweist sich für den Sprachlernenden möglicherweise als Verstehenshindernis, und zwar dann, wenn der SINNGLEICHHEIT eines Ausdrucks keine BILDGLEICHHEIT entspricht. Das fremde Bild, die fremde Bildlichkeit kann ihn – für sich genommen – erheitern, aber sie kann ihn auch verwirren und sogar in eine peinliche Situation bringen, wenn der Schlüssel zur Übertragung fehlt. Dass man »Oma nicht in die Brennnesseln schubsen« sollte (»Faut pas pousser grand-mère dans les orties«), versteht sich selbstredend. Doch was ist der verborgene Sinn dieser derb-komischen Verhaltensregel? Für das deutsche Pendant (»Man muss die Kirche im Dorf lassen«) wird umgekehrt der französische Muttersprachler Hilfe bei der Entschlüsselung benötigen. Beide Redewendungen wollen mit ihren Metaphern vor Aufbauschung, Übertreibung, überzogenen Maßnahmen warnen.

Das figurative Sprechen, d. h. die Aneignung der sprachlichen Bildlichkeit, beginnt mit der Kindheit und ist ein lebenslanger Lern- und Bildungsprozess. Auf Bildlichkeit zu verzichten, ist unmöglich, denn sie hat eine kaum ersetzbare Funktion: Sie erlaubt es, Urteile, Bewertungen, Gefühle und Stimmungen zu übermitteln. Der Nicht-Muttersprachler, mag er über einen noch so differenzierten Wortschatz verfügen, wird dieses Maß an Vertrautheit schwerlich erreichen. In einem viel höheren Maße als Lexik und Grammatik ist somit die metaphorische Sprache eine Herausforderung für den Fremdsprachenlerner, nicht nur im Kontext der schönen Literatur, sondern in jedem Bereich der menschlichen Kommunikation, ob Wirtschaft, Wissenschaft, Politik, Sport oder Werbung. Am lebendigsten aber ist sie in der Alltagssprache vertreten, die Metaphern nicht nur tradiert, oft seit der Antike oder dem Mittelalter, sondern täglich neue metaphorische Ausdrücke hinzuerfindet. Nicht selten bildet das schöpferische Vermögen der Alltags- bzw. Umgangssprache erst die Voraussetzung für die spätere Verwendung der neuen Bilder in der Schriftsprache.

In Schulbuchtexten ist der metaphorische Sprachgebrauch gegenüber dem in der authentischen Sprache deutlich reduziert – aus vielerlei nachvollziehbaren Gründen –, doch führt die mangelnde Konfrontation mit den andersartigen Bildern der Nachbarsprache nicht nur zu einer Einschränkung des individuellen Ausdruckswillens, sondern auch zu einer Einschränkung der Fähigkeit, Anschaulichkeit und Lebendigkeit, Humor, Witz und Komik in der fremden Sprache zu erfassen. Letzten Endes sind es das Verständnis und die Anwendung der bildlichen Sprache, die den Unterschied ausmachen zwischen einer ausreichenden Beherrschung einer anderen Sprache und dem authentischen Sprachvermögen des Muttersprachlers.

In diesem Zusammenhang verfolgt das Wörterbuch ein klares Ziel:
- Es will in erster Linie Schülern, Studenten, Lehrern, Freunden der französischen wie deutschen Sprache konkrete Entschlüsselungshilfen bieten.
- Es will darüber hinaus die Benutzer dazu anregen, sich hier und da selbst der fremden Metaphorik zu bedienen.

Zu wünschen ist, dass der Leser nicht nur philologisch auf seine Kosten kommt, sondern dass ihn auch die Perspektivität der jeweiligen Bilderwelten bereichert: mal nachdenklich stimmt, mal erheitert.

Angesichts des (unüberschaubar) weiten Feldes feststehender bildlicher Redewendungen war es unerlässlich, Grenzen für die Auswahl zu ziehen. Das vorliegende kleine Wörterbuch berücksichtigt nur Metaphern im Kontext, d. h. in satzwertigen oder Mehrwort-Verbindungen. Ausgeschlossen sind somit konventionelle (sog. lexikalisierte) Metaphern, die einen erheblichen Anteil am Wortbestand jeder Sprache haben und deren metaphorischer Ursprung meist nicht mehr bewusst wahrgenommen wird. Wörter wie »pomme de terre«, »choufleur« oder »feu rouge« gehören zum Fundamentalwortschatz des Französischen und sind in jedem Standardwörterbuch zu finden; auch etwas entlegenere Bilder wie »gratte-ciel« oder »larmes de crocodile« sind ohne gedankliche Umwege verständlich.

Dieses Ausschlusskriterium gilt auch für metaphorische Wendungen, deren Sinn sich durch wörtliche Übertragung ins Deutsche ohne Weiteres erschließt – wie beispielsweise »être la cinquième roue du carrosse«, »peser le pour et le contre«, »avoir un cœur d'or«. Denn so wie sich in der Bildsprache einer Sprachgemeinschaft das unverwechselbar Besondere ihrer Erfahrungen niedergeschlagen hat, so gilt das umgekehrt für einen Grundbesitz an kulturellen Erfahrungen, die eine Sprachgemeinschaft mit anderen teilt.

Unberücksichtigt in dieser Sammlung bleibt auch die große Fülle an Spruchweisheiten (*proverbes*), die – schon vom traditionellen Wortsinn her – einen eigenen Bereich, gekennzeichnet durch ihre lehrhafte Intention, beanspruchen.[1] Was ihre volkstümliche Bildhaftigkeit anlangt, berühren sie sich zwar stellenweise mit modernen bildlichen Redewendungen, doch erlauben es ihr Lehrstück-Charakter und ihre eigene sprachliche Gesetzlichkeit (d. h. ihre unveränderliche Formulierung), sie gegen diese abzugrenzen.

Eingang gefunden in die vorliegende Sammlung haben metaphorische Wendungen aller Sprachebenen, von der »hohen« Literatur bis zur derben Alltagssprache. Veraltete Bilder wurden dabei bewusst außer Acht gelassen.

---

1 Siehe hierzu die Sammlung von Franz-Rudolf Weller: *Proverbes de langue française*, Stuttgart 2014 (RUB 19868).

Folgende Kriterien waren für die Aufnahme entscheidend:
- Differenz zwischen Sinngleichheit und Bildgleichheit (im deutsch-französischen Sprachvergleich)
- Originalität und innovativer Wert
- Geläufigkeit bzw. Frequenz im Gebrauch
- schwieriges Auffinden bzw. Nichtvorhandensein in Standardwörterbüchern.

Die Sammlung ist aus pragmatischen Gründen konsequent alphabetisch geordnet. Jede Wendung ist für sich glossiert, wobei Wiederholungen auf derselben Seite vermieden werden. Erklärt werden in der Regel alle Wörter, die im *Thematischen Grund- und Aufbauwortschatz Französisch* (Stuttgart: Klett 2000) nicht zum Grundwortschatz gehören. Da die meisten Wendungen der Umgangssprache angehören und mit übertragenen Bedeutungen spielen, wurde auf die Angaben »(fam.)« und »(fig.)« in der Regel verzichtet, zumal die Stilebene oft aus der Übersetzung hervorgeht. Wo eine Wendung als vulgär einzustufen ist, ist dies allerdings stets angegeben.

Berthe-Odile Simon-Schaefer

Expressions et locutions

A

abattre ses cartes / son jeu
die Karten auf den Tisch legen

accorder ses violons
sich einigen
accorder: (mus.) stimmen.

à corps perdu
mit Leidenschaft

aggraver son cas
sich selbst schaden
aggraver: verschlimmern.

agir/travailler sous le manteau
etwas heimlich tun, verdeckt ermitteln
sous le manteau: unter der Hand, hintenherum.

À la guerre comme à la guerre!
Augen zu und durch!

à la queue leu leu
im Gänsemarsch
la queue: Schwanz. | **le leu:** (vx.) *le loup*.

aller à la dérive
den Bach runtergehen
la dérive: das Abdriften.

aller à Pétaouchnoc
nach Hintertupfingen gehen
Pétaouchnoc: an russische Städtenamen angelehnter Phantasiename; belegt seit den 1940er Jahren.

aller cueillir des fraises / des pâquerettes
  für ein Schäferstündchen in den Wald gehen
  cueillir: pflücken, sammeln. | **la pâquerette:** Gänseblümchen.

aller dans le sens du vent
  sein Fähnchen nach dem Wind richten/drehen
  le sens: hier: Richtung.

aller de mal en pis
  vom Regen in die Traufe kommen/geraten
  pis (Komparativ von *mal*): schlechter, schlimmer.

aller planter ses choux ailleurs
  seinen Wohnort wechseln, beruflich umsatteln
  le chou: Kohlkopf.

aller plus vite que la musique
  voreilig/vorschnell/übereilt handeln

aller se faire voir
  Va-te faire voir!: Scher dich zum Teufel!

aller se rhabiller
  Va-te rhabiller! / Il peut aller se rhabiller: Aufforderung, mit
  der man sich einer unerwünschten Person entledigt

ameuter le ban et l'arrière-ban
  die ganze Sippschaft/Clique zusammentrommeln
  ameuter: alarmieren. | **le ban:** letztes Aufgebot.

amuser la galerie
  für Erheiterung sorgen

annoncer la couleur
  mit offenen Karten spielen

appeler un chat un chat
das Kind / die Dinge beim Namen nennen

apporter de l'eau au moulin de qn
Wasser auf jds. Mühle geben
le moulin: Mühle.

apporter un ballon d'oxygène
frischen Wind / eine frische Brise in etwas bringen
le ballon d'oxygène (méd.): Atembeutel (*l'oxygène*, m.: Sauerstoff.)

arranger le portrait à qn
jdm. die Fresse polieren

arrêter les frais
ein Ziel aufgeben
les frais (m. pl.): Kosten, Ausgaben.

arriver à ses fins
seinen Willen durchsetzen
la fin: hier: Ziel.

arriver après la bataille
(erst) kommen, wenn alles getan ist

arrondir les angles
die Wogen glätten
arrondir: abrunden. | **un angle:** Winkel.

arroser ses obligés
Schmiergeld zahlen
arroser: begießen. | **un obligé:** Person, der man zu Dank verpflichtet ist.

assurer ses arrières
　　sich ein Hintertürchen offenhalten
　　les arrières (m. pl.): (mil.) Etappengebiet, Nachschubgebiet.

au cul du loup
　　weit weit weg, am Arsch der Welt

au saut du lit
　　in aller Herrgottsfrühe
　　le saut (zu *sauter*): Sprung.

avaler des couleuvres
　　so manche Kröte schlucken, in den sauren Apfel beißen
　　la couleuvre: Natter.

avaler son dentier
　　verblüfft sein
　　le dentier: Gebiss

avancer en regardant dans le rétroviseur
　　auf der Stelle treten
　　avancer: vorrücken. | **le rétroviseur:** Rückspiegel.

avec armes et bagages
　　mit Kind und Kegel / mit Sack und Pack
　　une arme: Waffe.

avec perte et fracas
　　mit großem Getöse
　　la perte: Verlust. | **le fracas:** Krach.

avec tout le clinquant
　　mit großem Brimborium
　　le clinquant: Flitterkram.

avoir avalé un manche à balai
   einen Stock verschluckt haben, steif/humorlos sein
   le manche à balai (m.): Besenstiel.

avoir bon dos
   für Fehler eines anderen verantwortlich gemacht werden
   J'ai bon dos!: Mit mir könnt ihr es ja machen!

avoir bon pied bon œil
   sehr rüstig sein

avoir carte blanche
   freie Hand haben

avoir crevé
   einen Platten haben
   crever: bersten.

avoir d'autres chats à fouetter
   Wichtigeres zu tun haben, andere Sorgen haben
   fouetter: peitschen.

avoir de beaux restes
   gut in Schuss sein

avoir des casseroles
   (auch: *tirer/traîner des casseroles derrière soi*)
   Flecken auf der weißen Weste haben, etwas zu verbergen
   haben, (pol.) (schwarze) Flecken haben
   la casserole: Topf. – Das Bild des durch die Straßen gejagten
   Hundes, dem böse Buben laut scheppernde Blechdosen an den
   Schwanz gebunden haben, spricht für sich.

avoir des vues sur qn
ein Auge auf jdn. gworfen haben; Absichten auf jdn. haben

avoir du bol / du pot
Schwein haben

avoir du nez
Spürsinn haben

avoir du pain sur la planche
viel zu tun haben
la planche: Brett.

avoir du répondant
(1) Geld im Rücken haben; (2) Rückgrat haben
le répondant: Bürge.

avoir du toupet / du culot
dreist, frech sein
le toupet: Frechheit. | **le culot:** Frechheit, Chuzpe.

avoir l'âge de ses artères
sich so alt fühlen, wie man ist
une artère: Arterie.

avoir l'eau à la bouche
Il a l'eau à la bouche: Ihm läuft das Wasser im Mund zusammen.

avoir l'estomac dans les talons
den Magen in den Kniekehlen (hängen) haben
le talon: Ferse.

avoir la baraka
ein Glückspilz sein
la baraka: *la chance.* – Das arabische Wort *baraka* bezeichnet im islamischen Volksglauben eine Art göttliche Segenskraft.

avoir la foi du charbonnier
naiv sein
le charbonnier: Köhler.

avoir la folie des grandeurs
größenwahnsinnig sein

avoir la gueule de bois
einen Kater haben
la gueule: Maul, Schnauze.

avoir la guigne
Pech haben
la guigne: Pechsträhne.

avoir la niaque
Kampfgeist/Biss haben

avoir la pêche
gut drauf sein
la pêche: Pfirsich.

avoir la poisse
Pech haben

avoir la rage
Wut im Leib haben

avoir la tête de l'emploi
  unbedarft/dämlich aussehen

avoir la tête bien sur les épaules
  seinen gesunden Menschenverstand walten lassen

avoir le béguin de qn
  in jdn. verschossen sein
  le béguin (fig.): Flamme, Liebelei.

avoir le bourdon / le cafard
  Trübsal blasen
  le bourdon: Hummel. | **le cafard:** Küchenschabe.

avoir le démon de midi
  in der Midlifecrisis sein

avoir le diable au corps
  schwer zu bändigen sein
  le diable: Teufel.

avoir le moral dans les chaussettes
  seelisch am Boden sein

avoir le vent en poupe
  auf der Welle des Erfolgs reiten, eine Glückssträhne haben
  la poupe: Heck (eines Schiffs).

avoir les chevilles qui enflent / la grosse tête
  sich dicke tun
  la cheville: Knöchel. | **enfler:** anschwellen.

avoir les dents longues
  ehrgeizig sein

avoir les jambes en compote
  Pudding in den Knien haben

avoir les mains baladeuses
  seine Hände nicht bei sich behalten können
  se balader: bummeln, herumstreifen.

avoir les nerfs à fleur de peau
  reizbar sein
  Il a les nerfs à fleur de peau: Ihm liegen die Nerven blank.
  à fleur de: an der Oberfläche.

avoir les yeux derrière la tête
  seine Augen überall haben

avoir sa part du gâteau
  ein Stück vom Kuchen abbekommen

avoir son jardin secret
  seine persönliche Sphäre wahren

avoir un cadavre dans le placard
  eine Leiche im Keller haben

avoir un caractère de cochon
  ein schwieriger Mensch sein

avoir un chat dans la gorge
  einen Frosch im Hals haben

avoir un cœur d'artichaut
  leicht zu entflammen sein
  un artichaut: Artischocke.

avoir un dada
    ein Steckenpferd / eine Marotte haben

avoir un grain
    einen Vogel haben
    le grain: Korn.

avoir un pépin
    Scherereien/Ärger haben
    le pépin: Obstkern.

avoir un poil dans la main
    faul sein
    le poil: (Körper-)Haar.

avoir un polichinelle dans le tiroir
    schwanger sein
    le polichinelle: Kasperle. | **le tiroir:** Schublade.

avoir une araignée au plafond
    nicht alle Tassen im Schrank haben
    une araignée: Spinne. | **le plafond:** Decke.

avoir une case de vide / en moins
    eine Schraube locker haben
    la case: Kästchen.

avoir une dent contre qn
    etwas gegen jdn. haben, einen Pik auf jdn. haben

avoir une peur bleue
    eine Heidenangst haben

avoir une veine de cocu

verdammt viel Glück haben

la veine: Glück. | **le cocu:** der Gehörnte.

avoir voix au chapitre

mitreden dürfen

le chapitre: hier: Versammlung von Mönchen, Geistlichen usw.

avoir vu le loup

nicht mehr Jungfrau sein

Der Wolf verkörpert den raffinierten Verführer, der dem ahnungs-
losen Mädchen die Unschuld raubt; so im Rotkäppchen-Märchen
(*Le petit chaperon rouge*) von Charles Perrault (1696).

B

baisser la garde
verzichten
la garde: hier: Degen.

baisser pavillon
klein beigeben, sich fügen
le pavillon: hier: Flagge.

bâtir des châteaux en Espagne
Luftschlösser bauen
Mit »châteaux en Espagne« werden erstmalig im 13. Jh. Phantasiegebilde umschrieben, so im berühmten *Roman de la rose* von
Guillaume de Lorris die Illusionen eines hoffnungslos verliebten
jungen Mannes. Spanien galt im Mittelalter als geheimnisvoller
Schauplatz wundersamer Begebenheiten und Abenteuer.

battre la campagne
die Gegend abgrasen

battre le pavé
obdachlos sein; auch: ziellos herumschlendern
le pavé: Straßenpflaster.

bayer aux corneilles
Maulaffen feilhalten
la corneille: Krähe.

belle comme un camion
atemberaubend schön / hinreißend
Großes Kompliment in der Jugendsprache; Entstehung ungeklärt.
Vergleich möglicherweise ursprünglich ironisch verwendet,
später superlativisch zu *belle*.

bien cacher son jeu
sich verstellen

boire du petit lait
etwas auskosten/genießen

boire du pisse-mémé (vulg.)
Kräutertee trinken.
la mémé (fam.): Oma.

boire la coupe jusqu'à la lie
den Kelch bis zur Neige leeren
la lie: Bodensatz.

boire la tasse
ertrinken

boire le bouillon
pleite sein
le bouillon: Brühe

bon chic bon genre (B.C.B.G.)
Schickimicki

bourgeois bohèmes (auch: **bobos**)
Bezeichnung für Personen, die das Herz auf der
Linken und das Portemonnaie auf der Rechten
haben
bohème: zigeunerhaft.

boxer dans la même catégorie
in derselben Liga kämpfen/spielen

braver la foule

sich über etwas hinwegsetzen, sich durchsetzen
braver: trotzen.

broder une histoire

eine Erzählung ausschmücken
broder: sticken, besticken.

brouiller les cartes

Verwirrung stiften
brouiller: vermischen.

broyer du noir

Trübsal blasen
broyer: zerkleinern, zermahlen.

brûler la chandelle par les deux bouts

sich übernehmen, über seine Verhältnisse leben
la chandelle: Kerze.

brûler les étapes

den zweiten Schritt vor dem ersten tun; auch: Blitzkarriere
machen

brûler les planches

mit Leidenschaft Theater spielen
la planche: Brett; *les planches:* Bühne.

C

C'est béton.
 Das ist todsicher.

C'est blanc bonnet et bonnet blanc.
 Das ist Jacke wie Hose.

C'est cousu de fil blanc.
 Das ist leicht zu durchschauen.

C'est de la piquette.
 Das ist Schund.
 la piquette (fam.): schlechter Wein, Gesöff.

C'est du billard.
 Das ist ein Kinderspiel.

C'est du pipeau.
 Das ist hohles Geschwätz.
 le pipeau: Hirtenflöte.

C'est du tord-boyaux.
 Das ist Fusel / schlechter Alkohol.
 tordre: verdrehen. | **les boyaux** (m. pl.): Gedärme.

C'est l'Amérique!
 Das ist Spitze!

C'est l'hôpital qui se moque de la charité.
 sinngemäß etwa: Der Große sollte über den Kleinen
 nicht spotten.
 la charité: Barmherzigkeit, Fürsorge.

C'est la bouteille à l'encre.
  Das ist eine undurchsichtige/verworrene Angelegenheit.
  une encre: Tinte.

C'est la cerise sur le gâteau.
  Das ist das Tüpfelchen auf dem i.

C'est la fin des haricots!
  Jetzt ist alles aus!

C'est la réponse du berger à la bergère.
  Das ist die Retourkutsche.
  le berger: Hirte.

C'est la zone.
  Das ist ein verkommenes Viertel.

C'est le bordel! / Quel bordel!
  So ein Saustall! Was für ein Chaos!

C'est le mariage de la carpe et du lapin.
  Das ist eine Mesalliance.
  la carpe: Karpfen.

C'est le même son de cloche.
  Das ist die ewig gleiche Litanei/Leier.
  la cloche: Glocke.

C'est le pompon!
  Das ist die Höhe!

C'est mi-figue, mi-raisin.
  Das ist schwer einzuordnen / zu deuten.
  la figue: Feige.

C'est pour ma pomme.
  Das ist für mich.

C'est son cheval de bataille.
  Das ist sein Steckenpferd.

C'est un béni-oui-oui.
  Er ist ein Jasager.
  bénir: segnen.

C'est un crève-cœur.
  Es ist ein Jammer / zum Erbarmen.

C'est un crève-la-faim.
  Er ist ein armer Schlucker.

C'est un dialogue de sourds.
  Sie reden aneinander vorbei.
  sourd, e: taub.

C'est un miroir aux alouettes.
  Das sind gefährliche Illusionen.
  une alouette: Lerche. – Bei diesem Spiegel handelt es sich
  um ein Konstrukt aus blitzenden Spiegelscherben, mit
  denen früher der Jäger die Lerchen blendete und in die
  Falle lockte.

C'est un pisse-froid / un pisse-vinaigre.
  Er ist ein alter Griesgram.

C'est un va-t-en-guerre.
  Er ist ein Streithammel.

C'est une chiffe molle.
> Das ist ein Waschlappen / ein Schlappschwanz.
> **la chiffe:** Lumpen; (fig.) ‚Waschlappen', ‚Flasche'. | **mou, molle:** weich, schlaff, schwach.

C'est une goutte d'eau dans la mer.
> Das ist ein Tropfen auf den heißen Stein.

C'est une langue de vipère.
> Das ist ein Lästermaul.

C'est une pierre dans ton jardin.
> Das ist auf dich gemünzt.

C'est une tête de pioche.
> Das ist ein Kotzbrocken.
> **la pioche:** Spitzhacke.

C'est une vérité de La Palice.
> Das ist eine Binsenweisheit/-wahrheit.
> **La Palice:** Die fehlerhaft überlieferte Grabinschrift des Offiziers Jacques de la Palice/Palisse (1470–1525): »S'il n'était pas mort, il serait encore en vie« statt »il ferait encore envie«, gab später Anlass zu zahlreichen burlesken Reimen, seither »lapalissades« genannt.

Ça lui va comme un tablier à une vache.
> Das passt wie die Faust aufs Auge.
> **le tablier:** Schürze.

Ça ne se trouve pas sous le pied d'un cheval.
> Das findet man nicht an jeder Ecke.

**Ça ne vaut pas tripette / une queue de cerise. /
Ça ne casse pas des briques.**

Das ist keinen Pfifferling wert.
la tripe: Eingeweide. | **la brique:** Ziegel.

Ça passe ou ça casse.

Entweder es klappt oder es geht daneben.

Ça plane pour moi.

Mir geht's prächtig.

casser du sucre sur le dos de qn

lästern, über jdn. herziehen, jdn. durch den Kakao ziehen

casser les pieds à qn

jdm. auf den Wecker fallen

casser sa pipe

sterben, ins Gras beißen

Ce n'est pas dans mes cordes.

Das kann ich nicht.
la corde: Saite.

Ce n'est pas la mer à boire.

Das ist doch halb so schlimm / nicht die Welt.

Ce n'est pas la porte à côté.

Das ist ganz schön weit.

Ce n'est pas le Pérou.

Das ist etwas dürftig / nicht gerade viel / kein großer Gewinn.
Anspielung auf die sagenhaften Reichtümer an Edelmetallen, die die
spanischen Eroberer im Inkareich erbeuteten.

Ce n'est pas ma tasse de thé.
Das geht mich nichts an. / Das ist nicht mein Bier.

Ce n'est pas piqué des hannetons.
Das hat sich gewaschen. / Das ist nicht von schlechten Eltern.
piquer: picken, stechen. | **le hanneton:** Blatthornkäfer.

Ce n'est pas très catholique.
Etwas ist faul an der Sache.

Ce n'est pas un aigle.
Er ist kein großes Licht.
un aigle: Adler.

Ce ne sont pas mes oignons.
Das ist nicht mein Bier.
un oignon: Zwiebel.

Cela ne mange pas de pain.
Das hat nichts zu sagen. / Das spielt keine Rolle.

Cela vient comme un cheveu sur la soupe.
Das passt wie die Faust aufs Auge.

chercher des noises à qn / des poux (dans la tête) à qn
Streit suchen
le pou: Laus.

chercher la petite bête
an allem herummäkeln, ein Haar in der Suppe finden

chercher midi à quatorze heures
eine Sache unnötig erschweren

cirer les bottes / les pompes à qn
  jdm. um den Bart gehen, schleimen
  la botte: Stiefel. | **la pompe** (fam.): *la chaussure*. | **cirer:** wichsen.

clamer qc sur les toits
  etwas ausposaunen

clouer le bec à qn
  jdm. das Maul stopfen
  clouer: nageln. | **le bec:** Schnabel.

compter ses petits
  seine Schäfchen zählen, um sich scharen

conter fleurette
  Süßholz raspeln, flirten
  conter: erzählen.

couper la poire en deux
  Zugeständnisse machen

couper l'herbe sous le pied à qn
  jdm. das Wort abschneiden / jdm. den Boden unter den
  Füßen wegziehen

courir comme un dératé
  wie ein Wilder rennen, schnell wie der Wind sein
  le dératé (fam.): Irrer.

courir deux lièvres à la fois
  auf zwei Hochzeiten gleichzeitig tanzen
  le lièvre: Hase.

courir sur le haricot à qn
   jdm. auf den Keks gehen

coûter les yeux de la tête
   unerschwinglich teuer sein

cracher dans la soupe
   das eigene Nest beschmutzen
   cracher: spucken.

cracher le morceau (pop.)
   ‚auspacken‘, gestehen

crever l'écran
   eine besondere Leinwandpräsenz haben, einen Raum für
   sich einnehmen können
   un écran: Leinwand, Bildschirm. | **crever:** zum Platzen bringen.

crier avant d'avoir mal
   wehleidig sein

crier qc sur les toits
   etwas an die große Glocke hängen

croiser les doigts
   die Daumen drücken

croquer le magot
   das Vermögen verjubeln/vergeuden
   croquer: knacken.

D

damer le pion à qn
jdn. ausstechen, übertrumpfen
le pion: Stein im Damespiel.

débiner son voisin
abfällig von jdm. reden

découvrir le pot aux roses
hinter das Geheimnis, einer Sache auf die Spur kommen

décrocher la timbale / décrocher le gros lot
den Vogel abschießen / das große Los ziehen
la timbale: Trinkbecher.

défendre son bifteck
sich nicht die Butter vom Brot nehmen lassen

défier l'entendement (m.)
das Fassungsvermögen übersteigen
défier: trotzen.

de fil en aiguille
allmählich
une aiguille: Nadel.

dégager en touche
einer Frage ausweichen
la touche (Ballsport): Einwurf.

dégraisser le mamouth (iron.)
den Gürtel enger schnallen
dégraisser: entfetten. | **le mamouth:** Mammut.

descendre au ras des pâquerettes / au troisième sous-sol

sich auf ein niedriges Niveau begeben
à ras de / au ras de: dicht über. | **la pâquerette:** Gänseblümchen.

descendre dans l'arène

sich dem Kampf stellen

déshabiller Pierre pour habiller Paul

ein Loch mit dem anderen stopfen; ein Übel durch ein anderes ersetzen

Die Namen der Apostel (Pierre, Paul, Jacques) sind austauschbar. Kirchen, die nicht reich genug waren, ihre Heiligenstatuen einzeln auszustaffieren, behalfen sich mit der Kostümanleihe im eigenen Haus: Dem Apostel Paulus zog man zu seinem Namensfest das Gewand des Petrus an und umgekehrt.

diminuer la voilure

die Ausgaben verringern
la voilure: Segelfläche.

diminuer le mille-feuilles

den Verwaltungsapparat verschlanken
le mille-feuilles: Bezeichnung für ein Blätterteiggebäck.

dire de quel bois on se chauffe

jdm. sagen, was die Uhr geschlagen hat / sich jdn. vorknöpfen

discuter le bout de gras

ausgiebig diskutieren

discuter du sexe des anges
   endlos diskutieren
   un ange: Engel.

distribuer les bons points
   Fleißkärtchen verteilen

donner des ailes à qn
   jdn. beflügeln

donner du lard aux cochons
   Perlen vor die Säue werfen
   le lard: Speck.

donner le bon Dieu sans confession (à qn)
   jdn. für harmlos halten
   On lui donnerait le bon dieu sans confession: Er sieht (so) aus, als ob
   er kein Wässerchen trüben könnte.

donner le coup de pied de l'âne
   späte (und hinterhältige) Rache üben
   un âne: Esel.

donner le la
   den Ton angeben
   la (Tonleiter): A.

donner sa langue au chat
   keine Antwort wissen

donner un coup d'épée dans l'eau
   etwas vergeblich tun
   une épée: Schwert.

dormir à poings fermés
    wie ein Murmeltier schlafen
    le poing: Faust.

Doucement les basses!
    Ruhig ruhig!
    les basses (f. pl.): Bässe.

E

éclairer la lanterne de qn
jdm. auf die Sprünge helfen

écraser une mouche avec un marteau
mit Kanonen auf Spatzen schießen
écraser: zerquetschen. | **le marteau:** Hammer.

en avoir gros sur la patate
großen Kummer haben
J'en ai gros sur la patate: Es liegt mir schwer auf dem Gemüt.
la patate (fam.): Kartoffel.

en avoir le cœur net
wissen, woran man ist

en avoir marre / ras le bol / plein le dos
die Nase/Schnauze voll haben / es satt haben
ras: gestrichen voll.

en avoir plein la bouche de qn/qc
immer wieder auf jdn./etwas zu sprechen kommen

en chair et en os
persönlich, leibhaftig
la chair: Fleisch. | **un os:** Knochen.

en faire tout un fromage
etwas aufbauschen

en faire voir de toutes les couleurs à qn
jdm. das Leben zur Hölle machen

enfoncer le clou
  etwas unablässig wiederholen

en mettre plein la vue
  angeben, aufschneiden

en pincer pour qn
  sich in jdn. vergucken
  pincer: kneifen.

entre la poire et le fromage
  zwischen Tür und Angel

En veux-tu, en voilà!
  Alles im Überfluss vorhanden! In Hülle und Fülle!

en voir des vertes et des pas mûres
  sein blaues Wunder erleben

engager une querelle d'Allemand
  einen Streit vom Zaun brechen

envoyer qn au paradis
  sich einer Person entledigen

envoyer des fleurs
  Komplimente machen

**envoyer promener qn / envoyer qn sur les roses /
envoyer qn se faire cuire un œuf**
  jdn. dahin schicken, wo der Pfeffer wächst

éplucher les comptes
  die Bilanzen unter die Lupe nehmen

Est-ce du lard ou du cochon?
  Das ist weder Fisch noch Fleisch.

étouffer dans l'œuf
  im Keim ersticken

être à côté de la plaque / à la masse
  neben der Spur sein
  la plaque: Platte.

être à la botte de qn
  jdm. unterstehen, jdm. ergeben sein
  la botte: Stiefel.

être à la page
  mit der Zeit gehen

être à la ramasse
  fix und fertig / abgewirtschaftet sein

être à l'ombre
  im Knast sitzen

être à ramasser à la petite cuillère
  ein Häufchen Elend sein

être assis à la place du mort
  auf dem Beifahrersitz sitzen
  Zynische Bezeichnung für den Beifahrersitz seit der alarmierenden
  französischen Statistik der tödlichen Verkehrsunfälle (18 000 im
  Jahre 1972), derzufolge der Beifahrer dem höchsten Risiko
  ausgesetzt ist.

être au bout du rouleau
aus dem letzten Loch pfeifen / ausgelaugt sein
le rouleau: Rolle, Walze.

être au pied du mur
mit dem Rücken zur Wand stehen

être aux premières loges
etwas aus nächster Nähe erleben

être bête comme ses pieds
dumm wie Bohnenstroh sein

être bonne poire
ein gutmütiger Trottel sein

être cash
frei herausreden, von der Leber weg reden

être collet monté
zugeknöpft/streng sein
le collet (vx.): Kragen.

être comme cul et chemise
dicke Freunde sein

être comme un coq en pâte
der Hahn im Korb sein
le coq: Hahn.

être connu comme le loup blanc
bekannt wie ein bunter Hund sein

être crevé
    kaputt sein
    crever: bersten, platzen; (fam.) krepieren.

être dans de beaux draps
    in der Tinte sitzen

être dans la combine
    die Schliche kennen
    la combine: Masche.

être dans la course
    auf dem Laufenden sein

être dans le pétrin
    in der Tinte sitzen
    le pétrin: Backtrog.

être dans le rouge
    im Minus sein

être dans le secret des dieux
    eingeweiht sein

être dans les petits papiers de qn
    jds. Gunst genießen

être de mèche avec qn
    mit jdm. unter einer Decke stecken
    la mèche: Haarsträhne.

être droit dans ses bottes
    auf seiner Meinung beharren
    la botte: Stiefel.

être du bois dont on fait les flûtes
  liebenswürdig/entgegenkommend sein

être dur de la feuille
  schwerhörig sein
  Das Wort *feuille* verwendet man im Argot zur Bezeichnung des
  menschlichen Ohres.

être en froid avec qn
  jdm. nicht grün sein

être en roue libre
  keine Verpflichtungen haben

être fauché comme les blés
  abgebrannt sein
  faucher: mähen.

être faux-cul
  hinterhältig sein

être frais comme un gardon
  frisch und munter sein
  le gardon: Rotauge (Fisch).

être gai comme un pinson
  vergnügt wie ein Zaunkönig sein
  le pinson: Fink.

être habillé comme l'as de pique
  unmöglich angezogen sein / wie eine Vogelscheuche
  aussehen

être haut comme trois pommes
ein Dreikäsehoch sein

être heureux comme un pape
glücklich wie ein Schneekönig/Honigkuchenpferd sein
le pape: Papst.

être l'objet de toutes les convoitises
den allgemeinen Neid erregen
la convoitise: Gier.

être la bête noire de qn
ein rotes Tuch für jdn. sein / jdm. ein Dorn im Auge sein

être la coqueluche de ces dames
der Schwarm aller Frauen sein
la coqueluche: Keuchhusten.

être la lanterne rouge
das Schlusslicht bilden

être la mouche du coche
ein Plagegeist sein
le coche: Kutsche.

être la petite main de qn
jdm. zuarbeiten

être le cocu de l'histoire
der Gehörnte sein

être le dindon de la farce
der Dumme, der Gelackmeierte sein
le dindon: Truthahn.

être le roi du pétrole
　unermesslich reich sein (wie ein Ölscheich)
　le roi du pétrole: Erdölmagnat.

être logé à la même enseigne
　im selben Boot sitzen
　une enseigne: Ladenschild.

être mal barré
　schlecht begonnen haben

être mal luné
　schlecht gelaunt sein
　Dahinter steht die Vorstellung, dass Luna, der Mond, die Stimmung
　des Menschen beeinflusst.

être malheureux comme les pierres
　todunglücklich sein

être marteau (cinglé, fada, timbré)
　blöd/bekloppt/plemplem sein

être noir comme un pruneau
　braungebrannt sein
　le pruneau: Backpflaume, Zwetschge.

être près de ses sous
　knauserig/geizig sein
　le sou: (hist.) Sou; etwa: Pfennig.

être pris sur le fait
　auf frischer Tat ertappt werden

être rapiat
geizig/gierig sein

être rasoir
stinklangweilig sein
une conférence rasoir: ein stinklangweiliger Vortrag
le rasoir: Rasierer.

être réglé comme du papier à musique
akribisch, pedantisch geregelt sein
réglé, e: hier: liniert.

être rond comme une queue de pelle
besoffen sein
la queue: Schwanz. | **la pelle:** Schaufel.

être sage comme une image
mucksmäuschenstill sein

être séparé de corps et de biens
von Tisch und Bett getrennt sein

être sérieux comme un pape
todernst sein
le pape: Papst.

être sonné
erschlagen sein

être sourd comme un pot
eine taube Nuss sein

être sous la coupe de qn
bevormundet sein/werden
la coupe: Glasglocke.

être sous les feux de la rampe
im Scheinwerferlicht stehen

être sur écoutes
abgehört werden

être sur la corde raide
auf der Kippe stehen
raide: steif.

être sur la paille
im Elend leben
la paille: Stroh.

être sur le fil du rasoir
auf Messers Schneide stehen

être sur le pavé
auf der Straße sitzen
le pavé: Straßenpflaster.

être sur les dents
extrem angespannt sein / auf heißen Kohlen sitzen

être sur les rotules
auf dem Zahnfleisch gehen
la rotule: Kniescheibe.

être sur son petit nuage
selig sein

être / se mettre sur son trente-et-un
    aufgetakelt sein / sich in Schale werfen
    Die Zahl geht zurück auf einen als *trentain* bezeichneten kostbaren
    alten Stoff, dessen Gewebe 31 Fäden pro Quadratzentimeter
    zählte.

être tiré à quatre épingles
    wie aus dem Ei gepellt sein
    Um einen Stoff zu glätten, spannte man ihn mit vier Nadeln,
    einer an jeder Ecke, auf eine feste Unterlage.

être un chaud lapin
    ein aufdringlicher Mann sein

être un dur à cuire
    unnachgiebig, halsstarrig sein

être un grand-père gâteau
    ein liebevoller Großvater sein

être un rat de bibliothèque
    ein Bücherwurm sein

être un redresseur de torts
    ein Weltverbesserer sein
    le tort: Unrecht.

être une peau de vache
    übertrieben streng sein

être une poule mouillée
    ein Angsthase sein

être une vraie girouette
sein Fähnchen nach dem Wind hängen
la girouette: Wetterfahne.

être vert de rage
eine Mordswut haben

F

faire bouillir la marmite
    für die Existenz der Familie sorgen
    la marmite: Kochtopf.

faire chou blanc
    keinen Erfolg haben

faire désordre
    aus dem Rahmen fallen

faire des gorges chaudes de qc
    über etwas lästern

faire des messes basses
    tuscheln

faire des simagrées / du chichi
    sich zieren / viel Aufhebens, Getue machen

faire d'une pierre deux coups
    zwei Fliegen mit einer Klappe schlagen

faire du plein avec du vide
    hohles Geschwätz verbreiten

faire du ramdam
    Remmidemmi machen
    le ramdam: Tamtam. – Verballhornung von *ramadan* als
    Anspielung auf das geräuschvolle nächtliche Leben während des
    Fastenmonats der Muslime.

faire feu de tout bois
    alle Mittel einsetzen

faire l'andouille
    den Trottel spielen
    une andouille: Kaldaunenwurst.

faire la bringue
    auf die Pauke hauen

faire la part belle à qc
    einer Sache Bedeutung beimessen

faire la pluie et le beau temps
    den Ton angeben, die erste Geige spielen

faire la soupe à la grimace
    schlecht gelaunt sein

faire la tournée des grands ducs
    von einem Nachtlokal zum anderen ziehen
    le duc: Herzog.

faire la une (d'un journal)
    auf der Titelseite stehen

faire le buzz
    von sich reden machen, einen Hype auslösen

faire le dos rond
    katzbuckeln, etwas über sich ergehen lassen, unterwürfig sein

faire le grand écart
    den Spagat schaffen

faire le joli cœur
 liebedienern, Sympathie erheischen; sich wie ein Geck
 benehmen

faire le pied de grue
 sich die Beine in den Bauch stehen
 la grue: Kranich.

faire le poireau
 (auch: *rester planté comme un poireau*)
 eine Ewigkeit warten; sich die Beine in den Bauch stehen
 le poireau: Porree.

faire le trottoir
 auf den Strich gehen

faire le zouave
 den Hanswurst spielen
 le zouave: (hist., mil.) Zuave (Mitglied einer zunächst aus
 Berberstämmen rekrutierten französischen Kolonialtruppe).

faire l'oie blanche
 den Unschuldsengel spielen
 une oie: Gans.

faire partie du décor
 unbemerkt bleiben

faire peau neuve
 ein anderer Mensch werden

faire porter le chapeau à qn
 jdm. etwas in die Schuhe schieben

faire qc avec ses tripes

etwas aus dem Bauch heraus tun / etwas mit Leib und Seele tun

les tripes (f. pl.): Eingeweide.

faire qc par-dessus la jambe

schludern

faire ressusciter les morts

die Vergangenheit aufleben lassen

ressusciter: wiederauferstehen.

faire sauter la banque

plötzlich reich werden

la banque: hier: Spielbank.

faire ses choux gras de qc

absahnen, profitieren

faire son beurre

Profit machen

faire table rase

reinen Tisch machen (Tabula rasa machen)

faire tapisserie

nicht wahrgenommen werden / nicht zum Tanz aufgefordert werden / ein Mauerblümchen sein

la tapisserie: Bildvorhang. – Junge Mädchen, die bei einem Ball nicht zum Tanz aufgefordert wurden bzw. keinen Begleiter hatten, hielten sich an den mit Bildteppichen dekorierten Wänden des Saals auf und ,verschwanden' in den Bildern der Tapisserien.

faire tourner qn en bourrique
  jdn. verrückt machen
  la bourrique: Muli.

faire tourner la boutique
  etwas ins Rollen bringen

faire un chèque en bois
  einen ungedeckten Scheck ausstellen

faire un appel du pied
  einen Wink mit dem Zaunpfahl geben

faire un bébé dans le dos
  etwas hinter jds. Rücken tun

faire un écart de langage / de conduite
  sprachlich entgleisen / sich daneben benehmen

faire un effet bœuf
  Aufsehen erregen

faire une croix sur qc
  etwas in den Wind schreiben
  la croix: Kreuz.

faire une fleur à qn
  jdm. einen Gefallen tun, eine Freude machen

faire une gaffe / une boulette
  sich einen Ausrutscher leisten

fermer les écoutilles

die Schotten dicht machen
une écoutille (mil., naut.): Luke.

filer à l'anglaise

sich auf Französisch verabschieden

Eine der Redensarten, die dem gegenseitigen Verlangen ent-
sprechen, dem Nachbarn schlechte Manieren zu unterstellen
(sich ohne Gruß und Dank davonschleichen). Die englische
Retourkutsche *to take french leave* fügt eine boshafte Nuance
hinzu: durchbrennen, ohne zu bezahlen.

filer un mauvais coton

auf Abwege geraten / unangenehm auffallen
filer: spinnen. | **le coton:** Baumwolle.

fumer la moquette

Gras/Hasch rauchen
la moquette: Teppichboden.

G

garder à qn un chien de sa chienne
auf Rache sinnen, eine Rechnung offen haben

garder la bouche cousue
schweigen
coudre: nähen.

garder une poire pour la soif
einen Notpfennig (Notgroschen) zurücklegen

graisser la patte
jdm. Schmiergeld zahlen / jdn. bestechen
la patte: Pfote. | **graisser:** schmieren.

gratter l'os jusqu'à la moelle
jdn. bis aufs Blut aussaugen
la moelle: Mark.

grimper au cocotier
auf die Palme gehen

H

habiller la mariée
etwas beschönigen

I

Il n'y a pas le compte.
Die Rechnung geht nicht auf.

Il va vous en / t'en cuire.
Du wirst dein blaues Wunder erleben.

Il y a à boire et à manger.
Es gibt positive und negative Aspekte.

Il y a anguille sous roche.
Die Sache hat einen Haken. / Da ist etwas faul.
une anguille: Aal.

Il y a un loup.
Da steckt etwas dahinter.

inviter à la bonne franquette
ohne Umstände, spontan einladen

J

J'en ai rien à cirer / à battre.
    Das interessiert mich nicht die Bohne.

Je vous en / t'en fiche mon billet que ...
    Ich wette darauf / garantiere, dass ...
    ficher qc à qn (fam.): jdm. etwas verpassen.

jeter aux orties
    entsorgen
    une ortie: Brennessel.

jeter la pierre à qn
    den Stab über jdn. brechen

jeter l'éponge
    das Handtuch werfen

jeter un froid
    Befremden auslösen

jeter un pavé dans la mare
    für Wirbel sorgen
    le pavé: Pflasterstein. | **la mare:** Teich.

joindre les deux bouts
    über die Runden kommen
    joindre: hier zusammenfügen.

jouer à pile ou face
    Kopf oder Zahl spielen

jouer au jeu de petits chevaux
»Mensch ärgere dich nicht« spielen

jouer dans la cour des grands
bei den Großen mitmischen

jouer les gros bras
die Muskeln spielen lassen

jouer son va-tout / le tout pour le tout
alles aufs Spiel setzen

jouer sur les mots
gezielt missverstehen / auf einer Aussage herumreiten

jurer ses grands dieux
Stein und Bein schwören

L

l'échapper belle
mit heiler Haut davonkommen

l'enfant prodigue (bibl.)
der verlorene Sohn
prodigue: verschwenderisch.

L'habit ne fait pas le moine.
Der Schein trügt. / Man sollte nicht nach dem äußeren
Schein urteilen.
le moine: Mönch.

l'heure entre chien et loup
die Abenddämmerung

La boucle est bouclée.
Der Kreis schließt sich.

lâcher les baskets à qn
jdn. in Ruhe lassen
Lâche-moi les baskets!: Lass mich endlich in Ruhe.

laisser glisser / laisser tomber
etwas bleiben lassen, gleichgültig bleiben

la langue verte / l'argot
die derbe Sprache / die Gaunersprache

La messe est dite. / Les jeux sont faits.
Das Spiel ist aus.

la salle des pas perdus
  große Halle in öffentlichen Gebäuden

La vie n'est pas un long fleuve tranquille.
  Das Leben ist kein Zuckerschlecken.

larguer les amarres
  die Leinen losmachen / die Zelte abbrechen

lécher les bottes à qn
  jdn. in den Arsch kriechen (vulg.)
  lécher: lecken. | **la botte:** Stiefel.

Le ciel lui est tombé sur la tête.
  Er ist überfordert.

le dessus du panier / le gratin / la fine fleur
  die Crème de la Crème, die Schickeria / die Hautevolee

le point d'orgue
  der krönende Abschluss

Le torchon brûle.
  Der Haussegen hängt schief.
  le torchon: Tuch, Geschirrtuch.

Les carottes sont cuites.
  Alles im Eimer!

les chères petites têtes blondes
  die lieben Kinderlein

Les clignotants sont au vert.
  Etwas nimmt einen guten Verlauf.
  le clignotant: Blinker.

M

manger à tous les râteliers
überall seinen Vorteil suchen / auf allen Hochzeiten tanzen
le râtelier: Futterstelle.

manger avec un lance-pierre
schlingen
le lance-pierre: Schleuder.

manger comme quatre
für drei essen

manger dans la main d'un mendiant
von Gier verzehrt werden
le mendiant: Bettler.

manger de la vache enragée
am Hungertuch nagen
enragé, e: tollwütig.

manger les pissenlits par la racine
im Grab liegen / die Radieschen von unten betrachten
le pissenlit: Löwenzahn. | **la racine:** Wurzel.

manger la grenouille
Gelder unterschlagen
la grenouille: der Frosch. – Zu den vielen Tierformen, die man im
Lauf der Geldgeschichte den Spardosen gab, zählte auch der Frosch,
der ähnlich wie das beliebte Schwein Glück und Fruchtbarkeit
versinnbildlichte.

manger son chapeau
eine Niederlage einstecken, hinnehmen; auch: Abbitte leisten

manger sur le pouce
  im Stehen etwas essen
  le pouce: Daumen.

manier la carotte et le bâton
  nach dem Prinzip von Zuckerbrot und Peitsche handeln
  manier: handhaben, bedienen. | **le bâton:** Stock.

manier la langue de bois
  leeres Stroh dreschen

marcher à côté de ses pompes
  neben der Spur sein
  la pompe (fam.): Schuh.

marcher à pas de loup
  auf leisen Sohlen gehen

marcher sur des œufs
  wie auf rohen Eiern gehen

marcher sur la tête
  aus den Fugen geraten sein / auf dem Kopf stehen

marcher sur les plates-bandes de qn
  jdm. ins Gehege kommen
  la plate-bande: Blumenbeet.

ménager la chèvre et le chou
  es sich mit keinem verderben wollen
  la chèvre: Ziege. | **ménager:** schonen.

mener à la trique
  züchtigen/drillen
  la trique: Knüppel.

mener qn en bateau
  jdn. hinters Licht führen / jdm. einen Bären aufbinden

mener qn par le bout du nez
  jdn. um den Finger wickeln

mener une petite vie tranquille
  ein Spießerleben führen

mener une vie de barreau de chaise / une vie de patachon
  ein ausschweifendes Leben führen
  le barreau: Stange.

mener un train d'enfer
  etwas bis zur Erschöpfung tun
  un enfer: Hölle.

mentir comme un arracheur de dents
  lügen, dass sich die Balken biegen / lügen wie gedruckt
  arracher: ausreißen.

mettre à l'ombre
  in den Knast schicken

mettre à pied
  kündigen

mettre de l'eau dans son vin
  nachgeben, klein beigeben

mettre des bâtons dans les roues à qn
    jdm. Knüppel zwischen die Beine werfen

mettre du beurre dans les épinards
    die Haushaltskasse aufbessern
    un épinard: Spinat.

mettre la charrue avant les bœufs
    das Pferd beim Schwanz aufzäumen
    la charrue: Pflug.

mettre la main à la poche
    bezahlen, sich an den Kosten beteiligen

mettre la main dans la caisse
    Geld stehlen

mettre la puce à l'oreille
    jdn. hellhörig machen
    la puce: Floh.

mettre le doigt dans l'engrenage / dans le pot de confiture
    sich in etwas verstricken
    un engrenage: Zahnrad.

mettre les mains dans le cambouis
    eine Sache anpacken
    le cambouis: Maschinenöl.

mettre les pieds dans le plat
    ins Fettnäpfchen treten

mettre qn en boîte
sich über jdn. lustig machen / jdn. auf die Schippe nehmen

mettre/ajouter son grain de sel
seinen Senf dazu geben

mettre tout le monde dans le même sac
alle über einen Kamm scheren

mettre un bémol à qc
etwas abschwächen/dämpfen

monter aux rideaux
auf die Palme gehen

montrer patte blanche
sich ausweisen, seine Papiere vorzeigen
la patte: Pfote.

mordre à l'hameçon
anbeißen / sich ködern lassen
un hameçon: Angelhaken.

mordre la poussière
am Boden zerstört sein

mouiller la chemise
sich sehr anstrengen

mourir à petit feu
dahinsiechen

N

n'avoir ni queue ni tête
  weder Hand noch Fuß haben

n'y être pour rien
  nicht daran schuld sein

n'y voir que du feu
  im Nebel stochern

ne pas arriver à la cheville de qn
  jdm. das Wasser nicht reichen können
  la cheville: Knöchel.

ne pas avoir gardé les cochons ensemble
  On n'a pas gardé les cochons ensemble: Ich wüsste nicht,
  dass wir befreundet sind, uns kennen.

**ne pas avoir inventé l'eau chaude / le fil à couper le
beurre**
  nicht sehr helle sein / begriffsstutzig sein

ne pas avoir les yeux en face des trous
  nicht alle Sinne beisammen haben / neben der Spur sein

ne pas avoir sa langue dans sa poche
  nicht auf den Mund gefallen sein

ne pas avoir un fil à la patte
  ungebunden/unverheiratet sein
  la patte: Pfote.

ne pas casser trois pattes à un canard
etwas haut jdn. nicht vom Hocker
Ce film ne casse pas trois pattes à un canard: Dieser Film reißt einen nicht (gerade) vom Hocker.

ne pas donner sa part au chien
egoistisch sein / nicht bereit sein zu teilen

ne pas en ficher une rame
nichts tun, stinkfaul sein
la rame: Ruder.

ne pas en valoir la chandelle
der Mühe nicht wert sein
la chandelle: Kerze.

ne pas être dans son assiette
sich nicht wohlfühlen

ne pas être en odeur de sainteté
nicht gern gesehen sein, in Ungnade gefallen sein
la sainteté: Heiligkeit.

ne pas être franc du collier
nicht ehrlich sein

ne pas être né de la dernière pluie
nicht von gestern sein

ne pas être sorti de l'auberge
noch nicht über den Berg sein

ne pas faire dans la dentelle
  nicht auf die feine Art machen
  la dentelle: Spitze (Gewebe).

ne pas faire de vieux os
  nicht lange bleiben

ne pas manger de ce pain-là
  nicht jds. Art sein

ne pas manquer d'air
  unverfroren/dreist sein

ne pas pouvoir être à la foire et au moulin
  sich nicht zerreißen können
  la foire: Jahrmarkt. | **le moulin:** Mühle.

**ne pas prendre les enfants du bon Dieu pour des canards
sauvages**
  jdn. für dumm verkaufen
  *Il ne faut pas prendre les enfants du bon Dieu pour des
  canards sauvages:* Man sollte den Wähler nicht für dumm
  verkaufen.
  sauvage: wild.

ne pas se moucher du pied
  nicht aufs Geld achten, sich etwas gönnen
  se moucher: sich die Nase putzen.

ne pas sucer de la glace
  trinksüchtig sein
  sucer: lutschen.

ne pas valoir une roupie de sansonnet
  keinen Schuss Pulver wert sein
  la roupie: Tropfen an der Nase. | **le sansonnet** (zool.): Star.

ne plus avoir un radis
  kein Geld mehr haben
  le radis: Radieschen; Rettich.

noyer le poisson
  einer klaren Antwort ausweichen
  noyer: ertränken.

O

obéir au doigt et à l'œil
nach jds. Pfeife tanzen

On en mangerait sur la tête d'un pouilleux.
Ausdruck der Begeisterung für ein besonders gutes Essen
le pouilleux: Läusekopf.

oublier d'être bête
nicht auf den Kopf gefallen sein

ouvrir un boulevard à qn
jdm. alle Wege öffnen

P

parler de la pluie et du beau temps
über Gott und die Welt sprechen

partir en croisade
einen Kreuzzug gegen jdn. einleiten

partir les pieds devant
sterben

passer qn à la casserole
jdn. fertig machen
la casserole: Topf.

passer à la trappe
in der Versenkung verschwinden
la trappe: Fallklappe.

passer de la pommade à qn
jdm. Honig ums Maul schmieren
la pommade: Salbe.

passer / sauter du coq à l'âne
vom Hölzchen aufs Stöckchen kommen

passer l'arme à gauche
sterben, das Zeitliche segnen

passer/reprendre le flambeau
die Verantwortung für etwas übergeben/übernehmen

passer une nuit blanche
eine Nacht ohne Schlaf verbringen

passer un savon à qn
  jdm. den Kopf waschen, die Leviten lesen

payer en monnaie de singe
  jdn. mit leeren Versprechungen abspeisen

payer les pots cassés
  die Suppe auslöffeln müssen

payer rubis sur l'ongle
  auf Heller und Pfennig zahlen
  le rubis: Rubin.

payer un dessous-de-table
  Schmiergeld zahlen

pendre la crémaillère
  seinen Einstand geben
  pendre: aufhängen (im Kamin). | **la crémaillère:** Kesselstange.

perdre la boussole / le nord / la boule
  den Kopf verlieren
  la boussole: Kompass.

péter un câble / les plombs
  aus der Haut fahren
  péter (pop.): furzen; (fam.) kaputtmachen. | **le plomb:** hier:
  Sicherung.

Pierre, Paul, Jacques (péj.)
  Hinz und Kunz / Krethi und Plethi

piquer comme un oursin
    sticheln
    un oursin: Seeigel.

piquer une colère noire
    in die Luft gehen

pleurer comme une Madeleine
    wie ein Schlosshund heulen
    Die biblische Sünderin Maria Magdalena (*Madeleine*) benetzte die
    Füße von Jesus Christus mit ihren Tränen.

pleuvoir comme vache qui pisse
    in Strömen regnen

Plus bête que moi tu meurs.
    Wie kann man so dumm sein?

pointer le bout du nez
    eine Stippvisite machen

porter le chapeau
    die Verantwortung tragen

poser un lapin à qn
    jdn. versetzen, jdm. einen Korb geben
    Mit der *lapin*-Metapher wird gern eine unredliche Absicht bzw. ein
    Fluchtverhalten assoziiert. Anfang des 18. Jh.s verwendet für eine
    dick aufgetragene Lügengeschichte, wird sie später dem blinden
    Passagier zugeordnet (*voyager en lapin*). Im 19.Jh. wird als *lapin*
    der Freier bezeichnet, der einem Mädchen den vereinbarten Preis
    für den Liebesdienst schuldig bleibt (Michel Lis / Michel Barbier:
    Le Franc-parler, Paris 2011.)

pour la galerie
   nur um des Effektes willen, aus Effekthascherei

pour une bouchée de pain
   für einen lächerlichen Preis
   la bouchée: Bissen, Mundvoll.

pousser des cris d'orfraie
   kreischen
   une orfraie: Seeadler.

pousser grand-mère dans les orties
   Il ne faut pas pousser grand-mère dans les orties: Man sollte
   die Kirche im Dorf lassen.
   une ortie: Brennnessel.

pousser (lancer) le bouchon un peu loin
   übertreiben, sich zu weit aus dem Fenster hängen
   le bouchon: Korken.

prêcher le faux pour savoir le vrai
   auf den Busch klopfen

prêcher pour sa paroisse
   in eigener Sache reden
   la paroisse: Pfarrgemeinde.

préférer l'ombre à la lumière
   bescheiden sein

prendre qc au pied de la lettre
   etwas wörtlich nehmen

prendre de la bouteille
  an Sicherheit gewinnen

prendre de la hauteur
  sich distanzieren

prendre des airs de sainte nitouche
  so tun, als ob man kein Wässerchen trüben konnte
  la sainte nitouche: Unschuldsengel.

prendre des vessies pour des lanternes
  sich ein X für ein U vormachen lassen
  la vessie: Blase.

prendre la clé des champs
  sich aus dem Staub machen

prendre la poudre d'escampette
  sich aus dem Staub machen
  la poudre: Pulver.

prendre le contre-pied
  genau das Gegenteil behaupten

prendre le pas sur qn
  die Oberhand über jdn. gewinnen

prendre qc/qn en grippe
  etwas/jdn. nicht ausstehen können

prendre ses cliques et ses claques
  seine Siebensachen packen

prendre ses jambes à son cou
    die Beine unter die Arme / in die Hand nehmen

prendre son pied
    großen Spaß haben / sich wahnsinnig amüsieren

presser le citron
    jdn. bis aufs Blut aussaugen

promettre monts et merveilles
    das Blaue vom Himmel versprechen
    le mont (litt.): Berg. | **la merveille:** Wunder.

Q

Qui est cet ostrogoth?
Wer ist dieser Waldschrat?
un Ostrogoth: (hist.) Ostgote.

R

raccrocher les wagons
den Frieden wiederherstellen
raccrocher: anhängen.

racler les fonds de tiroir
das letzte Geld zusammenkratzen
racler: abkratzen. | **le tiroir:** Schublade.

raconter des carabistouilles
dumm daherschwätzen
la carabistouille: Albernheit.

raconter des histoires / des sornettes
dummes Zeug / Unsinn reden

ramener sa fraise
seinen Senf dazugeben

raser gratis
On rase gratis. (Sinngemäß:) Wer's glaubt, wird selig.

rater le coche
eine Gelegenheit versäumen
le coche: Kutsche.

rayer le parquet avec les dents
sein Ziel verbissen, rücksichtslos verfolgen
rayer: kratzen.

rayer qn de la carte
jdn. aus dem Gedächtnis streichen

réagir au quart de tour
  hochgehen

recevoir une volée de bois vert
  Hiebe / eine Standpauke bekommen
  la volée: Schwarm.

reculer pour mieux sauter
  vor einer Unannehmlichkeit zurückschrecken / sich vor
  einer Entscheidung drücken
  reculer: rückwärts fahren/gehen.

regarder qn d'un œil noir
  jdm. böse Blicke zuwerfen

regarder qn en chien de faïence
  jdn. feindselig anblicken
  la faïence: Steingut.

rejoindre ses pénates
  nach Hause zurückkehren
  les pénates (m. pl.): Penaten. – Die Penaten, in der römischen
  Religion die Schutzgötter der Familie und ihres Haushalts, sind als
  Seelen der Verstorbenen fest an ihre Nachkommen gebunden.

remettre les pendules à l'heure
  Klartext reden / sagen, was Sache ist
  la pendule: Standuhr.

remonter la pente
  wieder auf die Beine kommen
  la pente: Abhang.

remonter les bretelles à qn
　jdm. die Leviten lesen
　les bretelles (f. pl.): Hosenträger.

remplacer au pied levé
　jdn. auf Anhieb ersetzen/vertreten

rendre la monnaie de la pièce
　sich rächen

renvoyer qn à ses chères études
　jdn. in seine Schranken weisen

renvoyer aux calendes grecques
　auf den Sankt-Nimmerleins-Tag verschieben
　les calendes (f. pl.): römische Kalenden. | **grec/grecque:**
　griechisch. – Zu den Kalenden (dem jeweils Monatsersten)
　mussten im alten Rom Schulden beglichen werden.
　Das griechische System für die Zeitberechnung kannte
　keine Kalenden.

renvoyer l'ascenseur à qn
　jdm. einen Gefallen erwidern / sich bei jdm. für eine
　Gefälligkeit revanchieren
　un ascenseur: Aufzug.

rester en carafe / en plan
　feststecken/festsitzen

rester les bras croisés
　die Hände in den Schoß legen

rester médusé
wie versteinert dastehen
Das schreckliche Antlitz der Meduse (Gestalt der griechischen
Mythologie) ließ jeden Mann zu Stein erstarren.

rester sur sa faim
nicht auf seine Kosten kommen

rester vissé sur sa chaise
sich nicht von seinem Stuhl rühren
visser: festschrauben.

retourner à ses moutons
zum Thema zurückkehren

retourner sa veste
die Farbe/Gesinnung wechseln

rêver à des lendemains qui chantent / du grand soir
von einer glücklichen/besseren Zukunft träumen

rire aux anges
selig lächeln

rire jaune
seine Enttäuschung nicht verbergen können / eine
Grimasse ziehen

rire sous cape
sich ins Fäustchen lachen
le cape: Cape, Umhang.

river son clou à qn
  jdn. mundtot machen
  river: nieten.

rouler à bride abattue / à tombeau ouvert
  rasen (im Straßenverkehr)
  la bride: Zügel. | **abattre:** niederstrecken.

rouler dans la roue d'autrui
  ins Schlepptau genommen werden
  autrui: jemand anderes.

rouler les mécaniques
  seine Muskeln spielen lassen

rouler qn dans la farine
  jdn. übers Ohr hauen / einwickeln

rouler sur l'or
  im Geld schwimmen

ruer dans les brancards
  wütend werden / aus der Haut fahren
  ruer: ausschlagen (Pferd). | **le brancard:** Deichsel.

S

s'accrocher aux branches
sich anstrengen / ackern

s'arracher les tripes
sich verausgaben

s'ennuyer comme un rat mort
sich tödlich langweilen

s'envoyer des fleurs
sich selbst loben

s'envoyer en l'air
bumsen, Sex haben

sauter du coq à l'âne
vom Hölzchen auf Stöckchen springen/kommen

savoir où le bât blesse
den wunden Punkt kennen / wissen, wo der Schuh drückt
le bât: Packsattel.

se bouffer le nez / se crêper le chignon
sich in die Wolle kriegen
crêper: kräuseln. | **le chignon:** Dutt.

se brûler les ailes
sich die Finger bei etwas verbrennen
une aile: Flügel.

se cacher derrière son petit doigt
sich aus der Affäre ziehen

se casser les dents
vergeblich zu einem Termin/Treffen kommen

se casser la nénette
sich den Kopf zerbrechen
la nénette (pop.): Kopf.

se dépêcher d'aller doucement
Zeit schinden

se faire arnaquer / plumer
sich ausnehmen lassen
arnaquer (fam.): übers Ohr hauen. | **plumer**: rupfen.

se faire des cheveux
sich große Sorgen machen

se faire des couilles en or (vulg.)
sich eine goldene Nase verdienen
la couille (pop.): Hoden.

se faire du mauvais sang
sich grämen

se faire encadrer
Je me suis fait encadrer: Mir ist jemand reingefahren.

se faire la belle / la malle
fliehen, abhauen
la malle: Überseekoffer.

se faire mettre la corde au cou (iron.)
heiraten

se faire une toile
  ins Kino gehen

se fendre la pêche / la pipe
  sich totlachen
  fendre: spalten.

se foutre de la poire de qn
  sich über jdn. lustig machen

se jouer de la loi
  auf das Gesetz pfeifen

se la couler douce
  Däumchen drehen / faulenzen

se mettre au vert
  eine Auszeit nehmen

se mettre en roue libre
  eine Auszeit nehmen

se mettre le doigt dans l'œil
  sich täuschen / sich gewaltig irren

se mordre les doigts de qc
  etwas sehr bereuen

se noyer dans un verre d'eau
  sich bei jeder Kleinigkeit aufregen
  se noyer: ertrinken.

se payer de mots
  sich mit leeren Worten zufrieden geben

se plaindre que la mariée est trop belle
grundlos meckern

se prendre les pieds dans le tapis
sich in seinen Ausreden verfangen

se prendre un râteau
sich eine Abfuhr einhandeln
le râteau: Harke.

se prendre pour le roi de Prusse
sich für den Nabel der Welt halten

se ramasser une gamelle
hinfallen/scheitern
la gamelle: Blechnapf.

se refaire une santé
wieder auf die Beine kommen

se renvoyer la balle
lebhaft diskutieren, auch: die Verantwortung auf jdn.
abwälzen

se sucrer
sich auf Kosten anderer bereichern

se tenir à carreau
sich in Acht nehmen

se voiler la face
die Augen vor etwas verschließen
voiler: verhüllen.

sentir le sapin
    dem Tode nahe sein
    le sapin: Tanne, Fichte.

séparer le grain de l'ivraie
    die Spreu vom Weizen trennen

sonner les cloches à qn
    jdm. eins auf den Deckel geben / jdm. aufs Dach steigen

sortir du bois
    plötzlich auftauchen

sucrer les fraises
    stark zittern, einen Tatterich haben
    sucrer: zuckern.

surfer sur la vague
    keinen klaren Kurs verfolgen

sur l'échiquier politique
    auf der politischen Bühne
    un échiquier: Schachbrett.

T

taquiner la bouteille
dem Alkohol zugeneigt sein
taquiner: necken.

taquiner la muse
musische Neigungen haben; Verse schmieden

tenir la chandelle
den Moralwächter spielen
la chandelle: Kerze.

tenir la dragée haute à qn
jdn. seine Macht spüren lassen
la dragée: Wiener Mandel.

tenir le haut du pavé
zur Elite der Gesellschaft gehören
le pavé: Straßenpflaster. – In der Zeit vor der Kanalisation dienten
Gräben in der Mitte der Straße dazu, Abwässer und Fäkalien
abfließen zu lassen. Die höher gelegenen Gehsteige waren den
Adligen vorbehalten.

tirer à boulets rouges
das Feuer auf jdn. eröffnen / jdn. unter Beschuss
nehmen
le boulet: Kanonenkugel.

tirer à hue et à dia
hü und hott sagen / widersprüchliche Anweisungen
geben

tirer des plans sur la comète
  Luftschlösser bauen

tirer la couverture à soi
  die Aufmerksamkeit für sich beanspruchen

tirer le diable par la queue
  von der Hand in den Mund leben

tirer sa révérence
  sich verabschieden / aus dem Leben gehen
  la révérence: Verneigung.

tirer son épingle du jeu
  sich aus der Affäre ziehen
  une épingle: Nadel. – Wahrscheinlicher Hintergrund der
  Wendung ist ein Geschicklichkeitsspiel junger Mädchen im 15. Jh.
  Eingesetzt wurden (Schmuck-)Nadeln, die es mit einem Ball zu
  treffen galt. Zumindest die eigene Nadel sollte zurückgewonnen
  werden.

tisser sa toile
  Beziehungen aufbauen

tomber dans le panneau
  auf den Leim gehen

tomber dans les pommes
  ohnmächtig werden

toucher la corde sensible
  jds. wunden Punkt treffen

tourner autour du pot
  um den heißen Brei reden / wie die Katze um den heißen Brei streichen

tourner sa langue sept fois dans sa bouche
  nachdenken, bevor man spricht / seine Worte abwägen

tourner au vinaigre
  sich verschlechtern/verschlimmern

tourner la page
  Vergangenes verdrängen

travailler du chapeau
  nicht alle Tassen im Schrank haben

travailler pour des prunes
  für lau arbeiten

travailler pour le roi de Prusse
  sich vergeblich abmühen
  la Prusse: Preußen. – Die Wendung (entstanden nicht vor Beginn des 18. Jh.s, vermutlich zur Zeit Friedrichs II.) lässt sich verstehen vor dem Hintergrund der legendären Knauserigkeit der preußischen Könige. Möglich ist auch eine Anspielung auf die Situation im eigenen Land, dessen Könige ebenfalls stets knapp bei Kasse waren.

trier sur le volet
  sorgfältig auswählen (bezogen auf Personengruppen)
  trier: aussortieren. | **le volet:** Fensterladen.

trouver chaussure à son pied
  das Passende finden

tu peux toujours te brosser / te fouiller
    Das kommt nicht in die Tüte.
    fouiller: durchsuchen, durchwühlen.

tutoyer les anges
    sich in höheren gesellschaftlichen Sphären bewegen

U

un amoureux des causes perdues
  Traumtänzer

Un ange passe.
  Ein verlegenes Schweigen tritt ein.

un cabinet fantôme
  ein Schattenkabinett

un canard boiteux
  eine taube Nuss
  boiteux, -euse: hinkend.

un étouffe chrétien
  ein schwer verdauliches Essen
  étouffer: ersticken.

un inspecteur des travaux finis
  ein Drückeberger
  un inspecteur du travail: Gewerbeaufsichtsbeamter

un mouton à cinq pattes
  ein Paradiesvogel
  la patte: Pfote.

un nom à coucher dehors
  ein unaussprechlicher Name

un panier de crabes
  ein Natterngezücht / eine zerstrittene Gesellschaft
  le crabe: Krebs.

un roman à l'eau de rose
   ein Kitschroman

un secret d'alcôve
   ein Bettgeheimnis
   une alcôve: Schrankbett, Bettnische.

un secret de polichinelle
   ein offenes Geheimis
   le polichinelle: Kasperle.

une douche écossaise
   ein Wechselbad (der Gefühle)
   écossais, e: schottisch.

une femme de petite vertu
   eine Halbweltdame
   la vertu: Tugend, Sittsamkeit.

une feuille de chou
   ein Käseblatt

une grenouille de bénitier / une punaise de sacristie
   eine Betschwester
   la grenouille: Frosch. | **le bénitier:** Weihwasserbecken. |
   la punaise: Wanze.

une petite nature
   eine kränkliche Person

une querelle d'Allemand
   ein Streit um des Kaisers Bart

une réponse de normand
    eine ausweichende Antwort

une soirée arrosée
    ein feuchtfröhlicher Abend
    arroser: begießen.

V

vendre la mèche
  aus dem Nähkästchen plaudern
  la mèche: Docht (einer Kerze).

vider son sac
  sich etwas von der Seele reden

virer sa cuti
  seine Einstellung radikal ändern
  virer: umschlagen. | **la cuti:** *la cuti-réaction:* Tuberkulinprobe.

vivre aux frais de la princesse / sur la bête
  auf Kosten eines anderen leben

vivre d'amour et d'eau fraîche / de l'air du temps
  von Luft und Liebe leben

voir de quel bois qn se chauffe
  erkennen, wessen Geistes Kind jemand ist

voir midi à sa porte
  sich selbst der Nächste sein

voir trente-six chandelles
  Sterne sehen
  la chandelle: Kerze.

voler dans les plumes de qn
  über jdn. herfallen
  la plume: Feder.

Editorische Notiz

Erklärt sind alle Wörter, die im *Thematischen Grund- und Aufbauwortschatz Französisch* (Stuttgart: Klett, 2000) nicht zum Grundwortschatz gehören. Die folgenden Abkürzungen wurden verwendet:

f.	féminin
fam.	familier
fig.	figuré
hist.	historique
hum.	humoristique
iron.	ironique
jdm.	jemandem
jdn.	jemanden
jds.	jemandes
Jh.	Jahrhundert
litt.	littéraire
m.	masculin
mil.	militaire
mus.	musique
naut.	nautique
péj.	péjoratif
pl.	pluriel
pol.	politique
pop.	populaire
qc	quelque chose
qn	quelqu'un
vulg.	vulgaire
vx.	vieux
zool.	zoologique

Register

âge
  avoir l'âge de ses artères 20
aigle
  Ce n'est pas un aigle 34
aiguille
  de fil en aiguille 37
aile
  donner des ailes 39
  se brûler les ailes 88
air (1)
  ne pas manquer d'air 73
  s'envoyer en l'air 88
  vivre de l'air du temps 100
air (2)
  prendre des airs de sainte
    nitouche 80
alcôve
  un secret d'alcôve 98
Allemand
  engager une querelle
    d'Allemand 42
  une querelle d'Allemand 99
alouette
  C'est un miroir aux alouettes 31
amarre
  larguer les amarres 65
Amérique
  C'est l'Amérique! 29
amour
  vivre d'amour et d'eau fraîche
    100
amoureux
  un amoureux des causes
    perdues 97

andouille
  faire l'andouille 54
âne
  donner le coup de pied de l'âne
    39
  sauter du coq à l'âne 88
ange
  discuter du sexe des anges 39
  rire aux anges 86
  tutoyer les anges 96
  Un ange passe 97
anglaise
  filer à l'anglaise 58
angles
  arrondir les angles 17
anguille
  Il y a anguille sous roche 61
appel
  faire un appel du pied 57
araignée
  avoir une araignée au plafond
    24
arène
  descendre dans l'arène 38
arme
  avec armes et bagages 18
  passer l'arme à gauche 76
arnaquer
  se faire arnaquer 89
arracheur
  mentir comme un arracheur de
    dents 68
arrière
  assurer ses arrières 18

artère
avoir l'âge de ses artères 20

artichaut
avoir un cœur d'artichaut 23

as
être habillé comme l'as de
pique 46

ascenseur
renvoyer l'ascenseur à qn 85

assiette
ne pas être dans son assiette 72

auberge
ne pas être sorti de l'auberge 72

bagage
avec armes et bagages 18

balai
avoir avalé un manche à balai
19

balle
se renvoyer la balle 91

ballon
apporter un ballon d'oxygène
17

ban
ameuter le ban et l'arrière-ban
16

banque
faire sauter la banque 56

baraka
avoir la baraka 21

barré
être mal barré 48

barreau
mener une vie de barreau de
chaise 68

baskets
lâcher les baskets à qn 64

basse
Doucement les basses! 40

bât
savoir où le bât blesse 88

bataille
arriver après la bataille 17
C'est son cheval de bataille 31

bateau
mener qn en bateau 68

bâton
manier la carotte et le bâton
67
mettre des bâtons dans les
roues à qn 69

battre
J'en ai rien à battre 62

beau → belle

bébé
faire un bébé dans le dos 57

bec
clouer le bec à qn 35

béguin
avoir le béguin de qn 22

belle
se faire la belle 89

bémol
mettre un bémol à qc 70

bénir
C'est un béni-oui-oui 31

bénitier
une grenouille de bénitier 98

berger
C'est la réponse du berger à la
bergère 30

bête
 chercher la petite bête 34
 être la bête noire de qn 47
 oublier d'être bête 75
 Plus bête que moi tu meurs 78
 vivre sur la bête 100

béton
 C'est béton 29

beurre
 faire son beurre 56
 mettre du beurre dans les épinards 69
 ne pas avoir inventé le fil à couper le beurre 71

bien
 être séparé de corps et de biens 49

bifteck
 défendre son bifteck 37

billard
 C'est du billard 29

billet
 je vous (t') en fiche mon billet que 62

blés
 être fauché comme les blés 46

bœuf
 mettre la charrue avant les bœufs 69

boire
 Il y a à boire et à manger 61

bois
 avoir la gueule de bois 21
 dire de quel bois on se chauffe 38

 être du bois dont on fait les flûtes 46
 faire feu de tout bois 54
 faire un chèque en bois 57
 recevoir une volée de bois vert 84
 sortir du bois 92
 voir de quel bois qn se chauffe 100

boîte
 mettre qn en boîte 70

bol
 avoir du bol 20
 en avoir ras le bol 41

bonnet
 C'est blanc bonnet et bonnet blanc 29

bordel
 C'est le bordel! 30
 Quel bordel! 30

botte
 cirer les bottes à qn 35
 être à la botte de qn 43
 être droit dans ses bottes 45
 lécher les bottes 65

bouche
 avoir l'eau à la bouche 20
 en avoir plein la bouche 41
 garder la bouche cousue 59
 tourner sa langue sept fois dans sa bouche 95

bouchée
 pour une bouchée de pain 79

bouchon
 pousser (lancer) le bouchon un peu loin 79

boucle
La boucle est bouclée 64

bouillon
boire le bouillon 27

boule
perdre la boule 77

boulets
tirer à boulets rouges 93

boulette
faire une boulette 57

boulevard
ouvrir un boulevard à qn 75

bourdon
avoir le bourdon 22

bourgeois
bourgeois bohèmes (bobos) 27

bourrique
faire tourner en bourrique 57

boussole
perdre la boussole 77

bout
brûler la chandelle par les deux bouts 28
discuter le bout de gras 38
joindre les deux bouts 62

bouteille
C'est la bouteille à l'encre 30
prendre de la bouteille 80
taquiner la bouteille 93

boutique
faire tourner la boutique 57

brancard
ruer dans les brancards 87

branche
s'accrocher aux branches 88

bras
jouer les gros bras 63
rester les bras croisés 85

bretelles
remonter les bretelles à qn 85

bride
rouler à bride abattue 87

bringue
faire la bringue 54

briques
Ça ne casse pas des briques 33

buzz
faire le buzz 54

câble
péter un câble 77

cadavre
avoir un cadavre dans le placard 23

cafard
avoir le cafard 22

caisse
mettre la main dans la caisse 69

calendes
renvoyer aux calendes grecques 85

cambouis
mettre les mains dans le cambouis 69

camion
belle comme un camion 26

campagne
battre la campagne 26

canard

    ne pas casser trois pattes à un canard 72

    ne pas prendre les enfants du bon Dieu pour des canards sauvages 73

    un canard boiteux 97

cape

    rire sous cape 86

carabistouilles

    raconter des carabistouilles 83

caractère

    avoir un caractère de cochon 23

carafe

    rester en carafe 85

carotte

    Les carottes sont cuites 65

    manier la carotte et le bâton 67

carpe

    C'est le mariage de la carpe et du lapin 30

carreau

    se tenir à carreau 91

carte

    abattre ses cartes 15

    avoir carte blanche 19

    brouiller les cartes 28

    rayer qn de la carte 83

cas

    aggraver son cas 15

case

    avoir une case de vide / en moins 24

cash

    être cash 44

casser

    Ça passe ou ça casse 33

casserole

    avoir des casseroles 19

    passer qn à la casserole 76

catégorie

    boxer dans la même catégorie 27

catholique

    Ce n'est pas très catholique 34

causes

    un amoureux des causes perdues 97

cerise

    Ça ne vaut pas une queue de cerise 33

    C'est la cerise sur le gâteau 30

chair

    en chair et en os 41

chaise

    rester vissé sur sa chaise 86

chandelle

    brûler la chandelle par les deux bouts 28

    ne pas en valoir la chandelle 72

    tenir la chandelle 93

    voir trente-six chandelles 100

chapeau

    faire porter le chapeau à qn 55

    manger son chapeau 66

    porter le chapeau 78

    travailler du chapeau 95

chapitre

    avoir voix au chapitre 25

charbonnier

    avoir la foi du charbonnier 21

charité

C'est l'hôpital qui se moque de la charité 29

charrue

mettre la charrue avant les bœufs 69

chat

appeler un chat un chat 17

avoir d'autres chats à fouetter 19

avoir un chat dans la gorge 23

donner sa langue au chat 39

château

bâtir des châteaux en Espagne 26

chaussettes

avoir le moral dans les chaussettes 22

chaussure

trouver chaussure à son pied 95

chemise

être comme cul et chemise 44

mouiller la chemise 70

cheval

Ça ne se trouve pas sous le pied d'un cheval 32

C'est son cheval de bataille 31

jouer au jeu de petits chevaux 63

cheveu

Cela vient comme un cheveu sur la soupe 34

se faire des cheveux 89

cheville

avoir les chevilles qui enflent 22

ne pas arriver à la cheville de qn 71

chèvre

ménager la chèvre et le chou 67

chic

bon chic bon genre 27

chichi

faire du chichi 53

chien

garder à qn un chien de sa chienne 59

l'heure entre chien et loup 64

ne pas donner sa part au chien 72

regarder qn en chien de faïence 84

chiffe

C'est une chiffe molle 32

chignon

se crêper le chignon 88

chou

aller planter ses choux ailleurs 16

faire chou blanc 53

faire ses choux gras de qc 56

ménager la chèvre et le chou 67

une feuille de chou 98

chrétien

un étouffe-chrétien 97

ciel

Le ciel lui est tombé sur la tête 65

cinglé
être cinglé 48

cirer
J'en ai rien à cirer 62

citron
presser le citron 81

claques
prendre ses cliques et ses claques 80

clé
prendre la clé des champs 80

clignotant
Les clignotants sont au vert 65

clinquant
avec tout le clinquant 18

cliques
prendre ses cliques et ses claques 80

cloche
C'est le même son de cloche 30
sonner les cloches à qn 92

clou
enfoncer le clou 42
river son clou à qn 87

coche
être la mouche du coche 47
rater le coche 83

cochon
avoir un caractère de cochon 23
donner du lard aux cochons 39
Est-ce du lard ou du cochon? 43
ne pas avoir gardé les cochons ensemble 71

cocotier
grimper au cocotier 59

cocu
avoir une veine de cocu 25
être le cocu de l'histoire 47

cœur
avoir un cœur d'artichaut 23
en avoir le cœur net 41
faire le joli cœur 55

colère
piquer une colère noire 78

collet
être collet monté 44

collier
ne pas être franc du collier 72

combine
être dans la combine 45

comète
tirer des plans sur la comète 94

compote
avoir les jambes en compote 23

compte
éplucher les comptes 42
Il n'y a pas le compte 61

confession
donner le bon dieu sans confession 39

contre-pied
prendre le contre-pied 80

convoitise
être l'objet de toutes les convoitises 47

coq

être comme un coq en pâte 44

sauter du coq à l'âne 88

passer / sauter du coq à l'âne 76

coqueluche

être la coqueluche de ces dames 47

corde

Ce n'est pas dans mes cordes 33

être sur la corde raide 50

se faire mettre la corde au cou 89

toucher la corde sensible 94

corneille

bâiller aux corneilles 26

corps

à corps perdu 15

avoir le diable au corps 22

être séparé de corps et de biens 49

coton

filer un mauvais coton 58

cou

prendre ses jambes à son cou 81

se faire mettre la corde au cou 89

couille

se faire des couilles en or 89

couler

se la couler douce 90

couleur

annoncer la couleur 16

en faire voir de toutes les couleurs 41

couleuvre

avaler des couleuvres 18

coup

donner le coup de pied de l'âne 39

faire d'une pierre deux coups 53

coupe

boire la coupe jusqu'à la lie 27

être sous la coupe de qn 50

cour

jouer dans la cour des grands 63

course

être dans la course 45

couverture

tirer la couverture à soi 94

crabe

un panier de crabes 97

crémaillère

pendre la crémaillère 77

crève-cœur

C'est un crève-cœur 31

crève-la-faim

C'est un crève-la-faim 31

crever

avoir crevé 19

être crevé 45

croisade

partir en croisade 76

croix

faire une croix sur qc 57

cuillère
    être à ramasser à la petite
        cuillère 43
cuire
    être un dur à cuire 51
    Il va vous en / t'en cuire 61
cul
    au cul du loup 18
    être comme cul et chemise
        44
    être faux-cul 46
culot
    avoir du culot 20
cuti
    virer sa cuti 100

dada
    avoir un dada 24
décor
    faire partie du décor 55
démon
    avoir le démon de midi 22
dent
    avoir les dents longues 22
    avoir une dent contre qn 24
    être sur les dents 50
    rayer le parquet avec les dents
        83
    se casser les dents 89
dentelle
    ne pas faire dans la dentelle
        73
dentier
    avaler son dentier 18
dératé
    courir comme un dératé 35

dérive
    aller à la dérive 15
déshabiller
    déshabiller Pierre pour habiller
        Paul 38
désordre
    faire désordre 53
dessous-de-table
    payer un dessous-de-table 77
dessus
    le dessus du panier 65
dia
    tirer à hue et à dia 93
diable
    avoir le diable au corps 22
    être dans le secret des dieux
        45
    jurer ses grands dieux 63
    tirer le diable par la queue 94
dieu
    donner le bon dieu sans
        confession 39
dindon
    être le dindon de la farce 47
doigt
    croiser les doigts 36
    mettre le doigt dans
        l'engrenage / dans le pot de
        confiture 69
    obéir au doigt et à l'œil 75
    se cacher derrière son petit
        doigt 88
    se mettre le doigt dans l'œil
        90
    se mordre les doigts de qc
        90

dos
avoir bon dos 19
casser du sucre sur le dos de qn
33
en avoir plein le dos 41
faire le dos rond 54
faire un bébé dans le dos
57

douche
une douche écossaise 98

dragée
tenir la dragée haute à qn 93

drap
être dans de beaux draps 45

duc
faire la tournée des grands
ducs 54

eau
apporter de l'eau à son moulin
17
avoir l'eau à la bouche 20
donner un coup d'épée dans
l'eau 39
mettre de l'eau dans son vin
68
ne pas avoir inventé l'eau
chaude 71
vivre d'amour et d'eau fraîche
100

écart
faire le grand écart 54
faire un écart de langage / de
conduite 57

échapper
l'échapper belle 64

échiquier
sur l'échiquier politique 92

écoute
être sur écoutes 50

écoutille
fermer les écoutilles 58

écran
crever l'écran 36

effet
faire un effet bœuf 57

emploi
avoir la tête de l'emploi 22

encadrer
se faire encadrer 89

encre
C'est la bouteille à l'encre 30

enfant
ne pas prendre les enfants du
bon Dieu pour des canards
sauvages 73

enfer
mener un train d'enfer 68

engrenage
mettre le doigt dans
l'engrenage 69

enseigne
être logé à la même enseigne
48

entendement
défier l'entendement 37

épaule
avoir la tête bien sur les
épaules 22

épée
donner un coup d'épée dans
l'eau 39

épinard

mettre du beurre dans les épinards 69

épingle

être tiré à quatre épingles 51

tirer son épingle du jeu 94

éponge

jeter l'éponge 62

escampette

prendre la poudre d'escampette 80

Espagne

bâtir des châteaux en Espagne 26

estomac

avoir l'estomac dans les talons 20

étape

brûler les étapes 28

étude

renvoyer qn à ses chères études 85

face

jouer à pile ou face 62

se voiler la face 91

fada

être fada 48

faim

rester sur sa faim 86

fait

être pris sur le fait 48

fantôme

un cabinet fantôme 97

farine

rouler qn dans la farine 87

faux

prêcher le faux pour savoir le vrai 79

femme

une femme de petite vertu 98

feu

faire feu de tout bois 54

mourir à petit feu 70

n'y voir que du feu 71

feuille

être dur de la feuille 46

être sous les feux de la rampe 50

une feuille de chou 98

ficher

ne pas en ficher une rame 72

figue

C'est mi-figue, mi-raisin 30

fil

C'est cousu de fil blanc 29

ne pas avoir inventé le fil à couper le beurre 71

ne pas avoir un fil à la patte 71

fin

arriver à ses fins 17

C'est la fin des haricots ! 30

flambeau

passer/reprendre le flambeau 76

fleur (1)

avoir les nerfs à fleur de peau 23

fleur (2)

envoyer des fleurs 42

faire une fleur à qn 57

la fine fleur 65

s'envoyer des fleurs 88

fleurette
    conter fleurette 35
fleuve
    La vie n'est pas un long fleuve
        tranquille 65
flûte
    être du bois dont on fait les
        flûtes 46
foi
    avoir la foi du charbonnier 21
foire
    ne pas pouvoir être à la foire et
        au moulin 73
fois
    courir deux lièvres à la fois
        35
folie
    avoir la folie des grandeurs 21
fouetter
    avoir d'autres chats à fouetter
        19
foule
    braver la foule 28
fracas
    avec perte et fracas 18
frais
    arrêter les frais 17
    vivre aux frais de la princesse
        100
fraise
    aller cueillir des fraises 16
    ramener sa fraise 83
    sucrer les fraises 92
franquette
    inviter à la bonne franquette
        61

froid
    être en froid avec qn 46
    jeter un froid 62
fromage
    en faire tout un fromage 41
    entre la poire et le fromage 42

gaffe
    faire une gaffe 57
galerie
    amuser la galerie 16
    pour la galerie 79
gamelle
    se ramasser une gamelle 91
garde
    baisser la garde 26
gardon
    être frais comme un gardon
        46
gâteau
    avoir sa part du gâteau 23
    C'est la cerise sur le gâteau
        30
    être un grand-père gâteau 51
genre
    bon chic bon genre 27
girouette
    être une vraie girouette 52
glace
    ne pas sucer de la glace 73
glisser
    laisser glisser 64
gorge
    avoir un chat dans la gorge 23
    faire des gorges chaudes de qc
        53

goutte

c'est une goutte d'eau dans la mer 32

grain

avoir un grain 24

mettre/ajouter son grain de sel 70

séparer le grain de l'ivraie 92

grandeur

avoir la folie des grandeurs 21

grand-mère

pousser grand-mère dans les orties 79

grand-père

être un grand-père gâteau 51

gras

discuter le bout de gras 38

gratin 65

gratis

raser gratis 83

grenouille

manger la grenouille 66

une grenouille de bénitier 98

grimace

faire la soupe à la grimace 54

grippe

prendre qn/qc en grippe 80

gros

en avoir gros sur la patate 41

grue

faire le pied de grue 55

guerre

à la guerre comme à la guerre 15

C'est un va-t-en-guerre 31

gueule

avoir la gueule de bois 21

guigne

avoir la guigne 21

habit

L'habit ne fait pas le moine 64

hameçon

mordre à l'hameçon 70

hanneton

Ce n'est pas piqué des hannetons 34

haricot

C'est la fin des haricots! 30

courir sur le haricot à qn 36

hauteur

prendre de la hauteur 80

herbe

couper l'herbe sous le pied à qn 35

heure

chercher midi à quatorze heures 34

histoire

broder une histoire 28

raconter des histoires 83

hôpital

C'est l'hôpital qui se moque de la charité 29

hue

tirer à hue et à dia 93

image

être sage comme une image 49

inspecteur
    un inspecteur des travaux finis 97

ivraie
    séparer le grain de l'ivraie 92

Jacques 77

jambe
    avoir les jambes en compote 23
    faire qc par-dessus la jambe 56
    prendre ses jambes à son cou 81

jardin
    avoir son jardin secret 23
    C'est une pierre dans ton jardin 32

jaune
    rire jaune 86

jeu
    abattre son jeu 15
    bien cacher son jeu 27
    jouer au jeu de petits chevaux 63
    Les jeux sont faits 64
    tirer son épingle du jeu 94

la
    donner le la 39

lait
    boire du petit lait 27

lance-pierre
    manger avec un lance-pierre 66

langue
    donner sa langue au chat 39
    la langue verte 64
    manier la langue de bois 67
    ne pas avoir sa langue dans sa poche 71
    tourner sa langue sept fois dans sa bouche 95

lanterne
    éclairer la lanterne de qn 41
    être la lanterne rouge 47
    prendre des vessies pour des lanternes 80

La Palice
    C'est une vérité de La Palice 32

lapin
    C'est le mariage de la carpe et du lapin 30
    être un chaud lapin 51
    poser un lapin à qn 78

lard
    donner du lard aux cochons 39
    Est-ce du lard ou du cochon? 43

lendemain
    rêver à des lendemains qui chantent 86

lettre
    prendre qc au pied de la lettre 79

lie
    boire la coupe jusqu'à la lie 27

lièvre
    courir deux lièvres à la fois 35

lit

  au saut du lit 18

loge

  être aux premières loges 44

loi

  se jouer de la loi 90

lot

  décrocher le gros lot 37

loup

  au cul du loup 18

  avoir vu le loup 25

  être connu comme le loup blanc 44

  Il y a un loup 61

  l'heure entre chien et loup 64

lumière

  préférer l'ombre à la lumière 79

luné

  être mal luné 48

Madeleine

  pleurer comme une Madeleine 78

magot

  croquer le magot 36

main

  avoir les mains baladeuses 23

  avoir un poil dans la main 24

  être la petite main de qn 47

  manger dans la main d'un mendiant 66

  mettre la main à la poche 69

  mettre la main dans la caisse 69

  mettre les mains dans le cambouis 69

mal

  aller de mal en pis 16

  crier avant d'avoir mal 36

malle

  se faire la malle 89

mamouth

  dégraisser le mamouth 37

manche

  avoir avalé un manche à balai 19

manger

  Il y a à boire et à manger 61

manteau

  agir/travailler sous le manteau 15

mare

  jeter un pavé dans la mare 62

mariage

  C'est le mariage de la carpe et du lapin 30

mariée

  habiller la mariée 60

  se plaindre que la mariée est trop belle 91

marmite

  faire bouillir la marmite 53

marre

  en avoir marre 41

marteau

  écraser une mouche avec un marteau 41

  être marteau 48

masse

  être à la masse 43

mécanique

  rouler les mécaniques 87

mèche
    être de mèche avec qn 45
    vendre la mèche 100

médusé
    rester médusé 86

mendiant
    manger dans la main d'un
      mendiant 66

mer
    Ce n'est pas la mer à boire 33
    C'est une goutte d'eau dans la
      mer 32

merveille
    promettre monts et merveilles
      81

messe
    faire des messes basses 53
    La messe est dite 64

midi
    avoir le démon de midi 22
    chercher midi à quatorze
      heures 34
    voir midi à sa porte 100

mille-feuilles
    diminuer le mille-feuilles 38

miroir
    C'est un miroir aux alouettes
      31

moelle
    gratter l'os jusqu'à la moelle 59

moine
    L'habit ne fait pas le moine 64

monnaie
    payer en monnaie de singe 77
    rendre la monnaie de la pièce
      85

mont
    promettre monts et merveilles
      81

moquette
    fumer la moquette 58

moral
    avoir le moral dans les
      chaussettes 22

morceau
    cracher le morceau 36

mort
    être assis à la place du mort 43
    faire ressusciter les morts 56

mot
    jouer sur les mots 63
    se payer de mots 90

mouche
    écraser une mouche avec un
      marteau 41
    être la mouche du coche 47

moulin
    apporter de l'eau au moulin de
      qn 17
    ne pas pouvoir être à la foire et
      au moulin 73

mouton
    retourner à ses moutons 86
    un mouton à cinq pattes 97

mûr
    en voir des vertes et des pas
      mûres 42

muse
    taquiner la muse 93

musique
    aller plus vite que la musqiue
      16

nature

une petite nature 98

nénette

se casser la nénette 89

nerf

avoir les nerfs à fleur de peau 23

net

en avoir le cœur net 41

nez

avoir du nez 20

mener qn par le bout du nez 68

pointer le bout du nez 78

se bouffer le nez 88

niaque

avoir la niaque 21

noir

broyer du noir 28

noise

chercher des noises à qn 34

nom

un nom à coucher dehors 97

nord

perdre le nord 77

nuage

être sur son petit nuage 50

nuit

passer une nuit blanche 76

obligé

arroser ses obligés 17

odeur

ne pas être en odeur de sainteté 72

œil

avoir bon pied bon œil 19

avoir les yeux derrière la tête 23

coûter les yeux de la tête 36

ne pas avoir les yeux en face des trous 71

obéir au doigt et à l'œil 75

regarder qn d'un œil noir 84

se mettre le doigt dans l'œil 90

œuf

envoyer qn se faire cuire un œuf 42

étouffer dans l'œuf 43

marcher sur des œufs 67

oie

faire l'oie blanche 55

oignon

Ce ne sont pas mes oignons 34

ombre

être à l'ombre 43

mettre à l'ombre 68

préférer l'ombre à la lumière 79

ongle

payer rubis sur l'ongle 77

or

rouler sur l'or 87

se faire des couilles en or 89

oreille

mettre la puce à l'oreille 69

orfraie

pousser des cris d'orfraie 79

orgue

le point d'orgue 65

ortie
    jeter aux orties 62
    pousser grand-mère dans les
        orties 79

os
    en chair et en os 41
    gratter l'os jusqu'à la moelle
        59
    ne pas faire de vieux os 73

ostrogoth
    Qui est cet ostrogoth? 82

oursin
    piquer comme un oursin 78

oxygène
    apporter un ballon d'oxygène
        17

page
    être à la page 43
    tourner la page 95

paille
    être sur la paille 50

pain
    avoir du pain sur la planche 20
    Cela ne mange pas de pain 34
    ne pas manger de ce pain-là 73

panier
    le dessus du panier 65
    un panier de crabes 97

panneau
    tomber dans le panneau 94

pape
    être heureux comme un pape
        47
    être sérieux comme un pape
        49

papier
    être dans les petits papiers de
        qn 45

pâquerette
    aller cueillir des pâquerettes
        16
    descendre au ras des
        pâquerettes 38

paradis
    envoyer qn au paradis 42

paroisse
    prêcher pour sa paroisse 79

parquet
    rayer le parquet avec les dents
        83

part
    avoir sa part du gâteau 23
    faire la part belle à qc 54
    ne pas donner sa part au chien
        72

pas
    la salle des pas perdus 65
    marcher à pas de loup 67
    prendre le pas sur qn 80

passer
    Ça passe ou ça casse 33

patachon
    mener une vie de patachon 68

patate
    en avoir gros sur la patate 41

pâte
    être comme un coq en pâte
        44

patte
    graisser la patte 59
    montrer patte blanche 70

ne pas casser trois pattes à un
    canard 72
ne pas avoir un fil à la patte 71
un mouton à cinq pattes 97

Paul 77

pavé
battre le pavé 26
être sur le pavé 50
jeter un pavé dans la mare 62
tenir le haut du pavé 93

pavillon
baisser pavillon 26

peau
avoir les nerfs à fleur de peau 23
faire peau neuve 55

pêche
avoir la pêche 21
se fendre la pêche 90

pelle
être rond comme une queue de
    pelle 49

pénates
rejoindre ses pénates 84

pendule
remettre les pendules à l'heure
    84

pente
remonter la pente 84

pépin
avoir un pépin 24

Pérou
Ce n'est pas le Pérou 33

perte
avec perte et fracas 18

Pétaouchnoc
aller à Pétaouchnoc 15

petit
compter ses petits 35

pétrin
être dans le pétrin 45

pétrole
être le roi du pétrole 48

peur
avoir une peur bleue 24

pièce
rendre la monnaie de la pièce 85

pied
avoir bon pied bon œil 19
Ça ne se trouve pas sous le
    pied d'un cheval 32
casser les pieds à qn 33
couper l'herbe sous le pied à
    qn 35
être au pied du mur 44
être bête comme ses pieds 44
mettre à pied 68
mettre les pieds dans le plat
    69
ne pas se moucher du pied
    73
partir les pieds devant 76
prendre son pied 81
remplacer au pied levé 85
se prendre les pieds dans le
    tapis 91
trouver chaussure à son pied
    95

pierre
C'est une pierre dans ton
    jardin 32
être malheureux comme les
    pierres 48

faire d'une pierre deux coups 53

jeter la pierre à qn 62

Pierre 77

pile
jouer à pile ou face 62

pincer
en pincer pour qn 42

pinson
être gai comme un pinson 46

pioche
C'est une tête de pioche 32

pion
damer le pion à qn 37

pipe
casser sa pipe 33

se fendre la pipe 90

pipeau
C'est du pipeau 29

piquette
Ce n'est pas de la piquette 29

pisse
boire du pisse-mémé 27

pissenlit
manger les pissenlits par la racine 66

placard
avoir un cadavre dans le placard 23

plafond
avoir une araignée au plafond 24

plan
rester en plan 85

tirer des plans sur la comète 94

planche
avoir du pain sur la planche 20

brûler les planches 28

planer
Ça plane pour moi 33

plaque
être à côté de la plaque 43

plat
mettre les pieds dans le plat 69

plates-bandes
marcher sur les plates-bandes de qn 67

plein
faire du plein avec du vide 53

plomb
péter les plombs 77

pluie
faire la pluie et le beau temps 54

ne pas être né de la dernière pluie 72

parler de la pluie et du beau temps 76

plume
voler dans les plumes de qn 100

plumer
se faire plumer 89

poche
mettre la main à la poche 69

ne pas avoir sa langue dans sa poche 71

poil
avoir un poil dans la main 24

poing
dormir à poings fermés 40

point

distribuer les bons points 39

poire

couper la poire en deux 35

entre la poire et le fromage 42

être bonne poire 44

garder une poire pour la soif 59

se foutre de la poire de qn 90

poireau

faire le poireau 55

poisse

avoir la poisse 21

poisson

noyer le poisson 74

polichinelle

avoir un polichinelle dans le tiroir 24

un secret de polichinelle 98

pommade

passer de la pommade à qn 76

pomme

C'est pour ma pomme 31

être haut comme trois pommes 47

tomber dans les pommes 94

pompe

cirer les pompes à qn 35

marcher à côté de ses pompes 67

pompon

C'est le pompon! 30

porte

Ce n'est pas la porte à côté 33

voir midi à sa porte 100

portrait

arranger le portrait à qn 17

pot

avoir du pot 20

découvrir le pot aux roses 37

être sourd comme un pot 49

payer les pots cassés 77

tourner autour du pot 95

pot de confiture

mettre le doigt dans le pot de confiture 69

pou

chercher des poux dans la tête à qn 34

pouce

manger sur le pouce 67

poudre

prendre la poudre d'escampette 80

pouilleux

On en mangerait sur la tête d'un pouilleux 75

poule

être une poule mouillée 51

poupe

avoir le vent en poupe 22

poussière

mordre la poussière 70

princesse

vivre aux frais de la princesse 100

prodigue

l'enfant prodigue 64

promener

envoyer promener qn 42

prune
travailler pour des prunes 95

pruneau
être noir comme un pruneau 48

puce
mettre la puce à l'oreille 69

punaise
une punaise de sacristie 98

quart
réagir au quart de tour 84

quatre
manger comme quatre 66

querelle
engager une querelle d'Allemand 42
une querelle d'Allemand 99

queue
à la queue leu leu 15
Ça ne vaut pas une queue de cerise 33
être rond comme une queue de pelle 49
n'avoir ni queue ni tête 71
tirer le diable par la queue 94

racine
manger les pissenlits par la racine 66

radis
ne plus avoir un radis 74

rage
avoir la rage 21
être vert de rage 52

raisin
C'est mi-figue, mi-raisin 30

ramasse
être à la ramasse 43

ramdam
faire du ramdam 53

rame
ne pas en ficher une rame 72

rapiat
être rapiat 49

rasoir
être rasoir 49
être sur le fil du rasoir 50

rat
être un rat de bibliothèque 51
s'ennuyer comme un rat mort 88

râteau
se prendre un râteau 91

râtelier
manger à tous les râteliers 66

reculer
reculer pour mieux sauter 84

redresseur
être un redresseur de torts 51

regarder
avancer en regardant dans le rétroviseur 18

réglé
être réglé comme du papier à musique 49

répondant
avoir du répondant 20

réponse

C'est la réponse du berger à la bergère 30

une réponse de normand 99

reste

avoir de beaux restes 19

rétroviseur

avancer en regardant dans le rétroviseur 18

révérence

tirer sa révérence 94

rideau

monter aux rideaux 70

rien

n'y être pour rien 71

roche

Il y a anguille sous roche 61

roi

se prendre pour le roi de Prusse 91

travailler pour le roi de Prusse 95

roman

un roman à l'eau de rose 98

rose

envoyer qn sur les roses 42

un roman à l'eau de rose 98

rotule

être sur les rotules 50

roue

être en roue libre 46

mettre des bâtons dans les roues à qn 69

rouler dans la roue d'autrui 87

se mettre en roue libre 90

rouge

être dans le rouge 45

rouleau

être au bout du rouleau 44

roupie

ne pas valoir une roupie de sansonnet 74

rubis

payer rubis sur l'ongle 77

sac

mettre tout le monde dans le même sac 70

vider son sac 100

sacristie

une punaise de sacristie 98

sage

être sage comme une image 49

sainte nitouche

prendre des airs de sainte nitouche 80

sainteté

ne pas être en odeur de sainteté 72

sang

se faire du mauvais sang 89

sansonnet

ne pas valoir une roupie de sansonnet 74

santé

se refaire une santé 91

sapin

sentir le sapin 92

saut

au saut du lit 18

savon

passer un savon à qn 77

se brosser

tu peux toujours te brosser 96

se dépêcher

se dépêcher d'aller doucement 89

se fouiller

tu peux toujours te fouiller 96

se rhabiller

aller se rhabiller 16

secret

être dans le secret des dieux 45

un secret d'alcôve 98

un secret de polichinelle 98

simagrées

faire des simagrées 53

singe

payer en monnaie de singe 77

soif

garder une poire pour la soif 59

soir

rêver du grand soir 86

soirée

une soirée arrosée 99

son

C'est le même son de cloche 30

sonner

être sonné 49

sornette

raconter des sornettes 83

sou

être près de ses sous 48

soupe

Cela vient comme un cheveu sur la soupe 34

cracher dans la soupe 36

faire la soupe à la grimace 54

sourd

C'est un dialogue de sourds 31

être sourd comme un pot 49

sous-sol

descendre au troisième sous-sol 38

sucre

casser du sucre sur le dos de qn 33

sucrer

se sucrer 91

sucrer les fraises 92

table

faire table rase 56

tablier

Ça lui va comme un tablier à une vache 32

talon

avoir l'estomac dans les talons 20

tapis

se prendre les pieds dans le tapis 91

tapisserie

faire tapisserie 56

tasse

boire la tasse 27

Ce n'est pas ma tasse de thé 34

temps

faire la pluie et le beau temps 54

parler de la pluie et du beau temps 76

vivre de l'air du temps 100

tête

avoir la grosse tête 22

avoir la tête bien sur les épaules 22

avoir la tête de l'emploi 22

avoir les yeux derrière la tête 23

chercher des noises à qn / des poux (dans la tête) à qn 34

coûter les yeux de la tête 36

Le ciel lui est tombé sur la tête 65

les chères petites têtes blondes 65

marcher sur la tête 67

n'avoir ni queue ni tête 71

thé

Ce n'est pas ma tasse de thé 34

timbale

décrocher la timbale 37

timbré

être timbré 48

tiroir

avoir un polichinelle dans le tiroir 24

racler les fonds de tiroir 83

toile

se faire une toile 90

tisser sa toile 94

toit

clamer qc sur les toits 35

crier qc sur les toits 36

tombeau

rouler à tombeau ouvert 87

tomber

laisser tomber 64

torchon

Le torchon brûle 65

tord-boyaux

C'est du tord-boyaux 29

tort

être un redresseur de torts 51

touche

dégager en touche 37

toupet

avoir du toupet 20

tournée

faire la tournée des grands ducs 54

tout

jouer son va-tout / le tout pour le tout 63

trappe

passer à la trappe 76

travail

un inspecteur des travaux finis 97

trente-et-un

être / se mettre sur son trente-et-un 51

tripe

faire qc avec ses tripes 56

s'arracher les tripes 88

tripette

Ça ne vaut pas tripette 33

trique
mener à la trique 68
trottoir
faire le trottoir 55
trou
ne pas avoir les yeux en face
des trous 71

une
faire la une (d'un journal) 54

vache
Ça lui va comme un tablier à
une vache 32
être une peau de vache 51
manger de la vache enragée
66
pleuvoir comme vache qui
pisse 78
vague
surfer sur la vague 92
valoir
ne pas en valoir la chandelle
72
veine
avoir une veine de cocu 25
vent
aller dans le sens du vent 16
avoir le vent en poupe 22
verre
se noyer dans un verre d'eau
90
vert
se mettre au vert 90
vertu
une femme de petite vertu 98

vessie
prendre des vessies pour des
lanternes 80
veste
retourner sa veste 86
vide
faire du plein avec du vide 53
vie
mener une petite vie tranquille
68
mener une vie de barreau de
chaise 68
vin
mettre de l'eau dans son vin
68
vinaigre
C'est un pisse-vinaigre 31
tourner au vinaigre 95
violon
accorder ses violons 15
vipère
C'est une langue de vipère
32
voilà
En veux-tu, en voilà! 42
voilure
diminuer la voilure 38
voir
aller se faire voir 16
voisin
débiner son voisin 37
voix
avoir voix au chapitre 25
volée
recevoir une volée de bois vert
84

volet
    trier sur le volet 95
vouloir
    En veux-tu, en voilà! 42
vrai
    prêcher le faux pour savoir le
        vrai 79
vue
    avoir des vues sur qn 20
    en mettre plein la vue 42

wagon
    raccrocher les wagons 83

yeux → œil

zone
    C'est la zone 30
zouave
    faire le zouave 55